LIVRES DE FONDS.

(EXTRAIT DU CATALOGUE GÉNÉRAL.)

Les Catalogues de Librairie orientale et européenne et de Librairie ancienne sont publiés et se distribuent séparément.

DICTIONNAIRE ARABE-FRANÇAIS, contenant toutes les racines, leurs dérivés dans les idiomes vulgaire et littéral, dialectes d'Alger et de Maroc, par KAZIMIRSKI; gr. in-8, 2 vol. Prix de chaque livraison. 1 f. 60

DICTIONNAIRE FRANÇAIS-ARABE des dialectes vulgaires africains d'Alger, de Tunis, de Maroc et d'Egypte, par J.-J. MARCEL; in-8 (sous presse). 15 f.

ENIS EL-DJELIS, ou Histoire de la Belle Persane, conte des Mille et une Nuits, texte arabe avec trad. franç. et notes, par A. de B. KAZIMIRSKI. Paris, in-8. 2 f. 50

FABLES DE LOCKMAN en arabe et en franç., avec la pron. fig. et la trad. franç. mot à mot et interlinéaire, par HÉLOT. Paris, in-8. 2 f 50

GRAMMAIRE FRANÇAISE à l'usage des Arabes de l'Algérie, de Tunis, de Maroc, de l'Egypte et de la Syrie, par G. DUGAT et FARES ECHCHIDIAK. Paris, I. I., 1854, in-8. 5 f.

CARTE D'EUROPE rédigée en langue turque, 1 feuille. 1 f. 50

CONTES TURCS en turc, extraits des Quarante vizirs, par BELLETÊTE; in-4. 7 f.

DICTIONNAIRE FRANÇAIS-TURC, par N. MALLOUF, 2e édition, augmentée de moitié, avec la prononciation figurée. Paris, 1856, in-12 de 912 pag. 15 f.

GRAMMAIRE THEORIQUE et PRATIQUE DE LA LANGUE TURQUE, par HINDOGLOU. Paris, 1834, gr. in-8. 6 f.

GUIDE DE LA CONVERSATION français-turc. avec la prononciation figurée, par A. TIMONI; 1 vol. obl., 1854. 4 f.

— FRANÇAIS. — GREC MODERNE, divisé en 4 parties. 1o Alphabet, traité de prononciation, vocabulaire et exercices sur les verbes. 2o Dialogues. 3o Phraséologie. 4o Idiotismes, proverbes, voc. géog., tableau des monnaies, poids et mesures. Paris, 1858, 1 vol. in-18. (Sous presse.)

— ANGLAIS. — GREC MODERNE. Paris, 1858. 1 vol. in-18. (Sous presse.)

— TURC. — GREC MODERNE. Paris, 1858, in-18. (Sous presse.)

GUIDE ANGLAIS-TURC. Paris, 1858, in-18. (Sous presse.)

GRAMMAIRE FRANÇAISE en grec moderne, par LETELLIER, augmentée par THÉOCHAROPOULOS. Paris, in-8. 4 f.

TRAITE DE LA PRONONCIATION DU GREC MODERNE, à l'usage des Français. Paris, in-12. 2 f.

BIBLIA HEBRAICA ex recensione Aug. HAHNII expressa, præfatus est Rosenmüller. Lipsiæ. 1838. 6 f.

LEXICON HEBRAICUM ET CHALDAICUM, edidit LEOPOLD. Lipsiæ, 1851, in-32. 3 f.

GRAMMATICA HEBRAICA, auctore Ed. SLAUGHTER, curante BARGÈS, in Academ. Parisiensi linguæ hebraicæ professore. Paris, 1856, in-8. 4 f.

PROVERBES DE SALOMON, traduction philologique, par S. FRANCK. in-18 avec des citations en hébreu. Paris, 1855. 1 f. 50

HAMONIERE. Grammaire française à l'usage des Russes. Paris, in-8. 4 f.

REIFF. — Grammaire française-russe, avec des tableaux synoptiques pour les déclinaisons et les conjugaisons, des thêmes ou exercices gradués pour l'application des différentes règles de la grammaire, le corrigé de ces exercices et l'accentuation de tous les mots russes. Paris, 1857, in-8. 5 f.

— ENGLISH RUSSIAN GRAMMAR, with synop. tables for the declensions and conjugations, graduated themes or exercices for the application of the grammatical rules, the correct construction of these exercices and the accentuation of all the Russian words. Paris, 1857, in-8. 6 f.

ELEMENTS DE LA GRAMMAIRE CHINOISE, par ABEL-RÉMUSAT, nouv. éd. conforme à celle de l'imp. imp. et augm. d'une table des principales phonétiques chinoises, par L. LÉON DE ROSNY. Paris, 1857, 1 vol. gr. in-8. 10 f.

DICTIONNAIRE JAPONAIS-FRANÇAIS-ANGLAIS, par L. LÉON DE ROSNY. Paris, 1857; chaque livraison in-4. 6 f.

INTRODUCTION A L'ETUDE DE LA LANGUE JAPONAISE, par L. LEON DE ROSNY, in-4. Planches. 20 f.

GUIDE DE LA CONVERSATION en 4 langues: Français, Grec moderne, Anglais, Turc; 1 beau vol. in-18. Paris, 1858. (Sous presse.)

Imprimerie de Nicolas, à Meulan.

GRAMMAIRE

ARABE VULGAIRE.

GRAMMAIRE
ARABE VULGAIRE

POUR LES DIALECTES

D'ORIENT ET DE BARBARIE,

Par A. P. Caussin de Perceval,

Professeur au Collége de France et à l'École des Langues orientales vivantes,
Membre de l'Institut.

QUATRIÈME ÉDITION.

PARIS.

MAISONNEUVE ET Cie, LIBRAIRES-ÉDITEURS
POUR LES LANGUES ORIENTALES, ÉTRANGÈRES ET COMPARÉES,
15, quai Voltaire — à la Tour de Babel.

1858.

PRÉFACE.

A cette époque où un goût constant et universel porte les esprits vers les objets utiles, on sent vivement l'importance de l'étude des langues de l'Orient, comme clefs de l'histoire politique et morale, de la géographie et de la littérature de cette vaste partie du monde. La fréquence et la diversité de nos relations avec les pays où l'arabe est parlé, donnent un intérêt particulier à cette langue, dont la connaissance pratique offre de précieux avantages aux personnes qu'appellent dans les contrées musulmanes des fonctions diplomatiques, des spéculations commerciales, le désir d'étudier les mœurs et les opinions des peuples, et d'enrichir la géographie ou d'éclairer l'histoire par de nouvelles découvertes. La possession obtenue par les armes françaises d'une partie de la côte barbaresque doit augmenter aujourd'hui cet intérêt. Depuis que l'ancienne régence d'Alger est soumise à la France, la langue arabe acquiert chez nous une sorte de nationalité. Il serait à désirer sans doute qu'à l'exemple de ce que les Anglais ont fait dans l'Inde, les agents de notre administration en Afrique, et même nos colons, travaillassent à apprendre le langage du pays. Ce serait la manière la plus efficace de former entre eux et la population indigène un lien durable, et d'opérer un commencement de fusion.

Faciliter aux voyageurs, aux négociants, aux divers fonctionnaires de notre gouvernement, en Levant et en Barbarie, les moyens de communiquer verbalement ou par écrit avec les Arabes ; abréger, autant qu'un livre peut le faire, le long apprentissage que l'étranger transporté dans ces contrées est obligé de subir, lors même qu'il s'est livré en Europe à l'étude de la langue savante, tel a été le but que je me suis proposé.

La distinction d'*arabe littéral* et d'*arabe vulgaire* est établie sur deux différences que l'on remarque entre ces idiomes dont le fond est absolument le même.

D'abord, les Arabes modernes ont adopté un certain nombre de mots nouveaux, empruntés surtout à la langue turque; ils ont laissé tomber dans l'oubli beaucoup de termes anciens; ils en ont détourné d'autres de leur signification primitive. Ensuite, négligeant dans le discours ordinaire la plupart des règles prescrites par leurs grammairiens, ils suppriment toutes les inflexions finales qui, dans la langue savante, marquent les cas des noms et les modes des verbes; cette irrégularité et plusieurs autres analogues, consacrées par l'usage, ont acquis force de lois et sont devenues des règles nouvelles auxquelles les gens instruits se conforment, dans leur conversation, ainsi que le peuple. Car la différence de langage qu'on aperçoit chez nous entre les diverses classes d'individus existe à peine parmi les Arabes. D'un côté, le mélange de la société et le défaut presque général d'instruction ont contribué chez eux à niveler le langage de tous les rangs; de l'autre, le commun du peuple arabe, sans doute à cause de la grande simplicité grammaticale de la langue usuelle, s'exprime, en Orient du moins, avec une certaine correction, quoiqu'en termes peu élégants, et n'a point un jargon composé de barbarismes, comme la plupart des gens de nos campagnes.

Le discours écrit et soigné des Arabes modernes se confond en certains points avec la langue savante, de laquelle il se rapproche plus ou moins, quant à l'observance des règles et aux choix des expressions, suivant le plus ou le moins de littérature des personnes qui écrivent. C'est ce qu'on peut remarquer dans les chansons, les contes, les lettres, les pièces diplomatiques. Le style de ces compositions participe souvent des deux idiomes, entre lesquels il tient une sorte de milieu. Le style seul de la conversation est séparé du littéral par des limites bien déterminées ; j'ai cherché à les tracer dans cet ouvrage et à indiquer en même temps jusqu'à quel point on peut, en écrivant, dans une correspondance familière employer des formes plus régulières de langage, sans tomber dans l'affectation et le pédantisme.

Répandue sur un espace immense, la langue arabe éprouve nécessairement des variations de dialectes ; mais ces variations se font à peine remarquer dans la langue *écrite*, que l'on peut regarder en général comme identique partout. Les principaux dialectes de la langue *parlée* sont ceux d'Arabie proprement dite, de Syrie, d'Égypte et de Barbarie. Les trois premiers n'ont entre eux aucune différence grammaticale ; un petit nombre d'expressions ou de locutions employées communément dans une de ces contrées, et inusitées, quoique le plus souvent comprises dans une autre, forme presque la seule nuance qui les distingue. Le dialecte de Barbarie s'éloigne des autres assez sensiblement, mais non au point d'être inintelligible pour les habitants de l'Arabie, de la Syrie ou de l'Égypte.

La prononciation, objet si important dans l'étude d'une langue parlée, ne peut s'apprendre dans les livres ; la langue arabe surtout a des aspirations fortes, des sons emphatiques, des articulations gutturales, que l'on ne peut représenter avec aucun signe de notre alphabet. C'est seulement pour faciliter aux commençants la lecture des mots arabes cités dans ma Grammaire, que je les ai transcrits en lettres françaises, sans avoir eu la prétention d'atteindre une exactitude rigoureuse. Ce n'est qu'à force d'entendre qu'on peut parvenir à bien prononcer.

J'avais joint à la première édition de cette Grammaire un appendice composé de dialogues, lettres, actes, etc., qui en rendait le prix assez élevé. Désirant diminuer celui des éditions suivantes, je me suis contenté d'ajouter à la partie élémentaire de l'ancienne, qui a reçu d'ailleurs de nombreuses additions, quelques phrases d'usage pour la conversation et deux anecdotes fort courtes, écrites dans ce style simple qui appartient aussi bien à un dialecte qu'à un autre, et qui est compris dans tous les pays où l'on parle arabe.

TABLE

DES MATIÈRES.

ALPHABET ARABE.

NOMS des LETTRES.	FIGURE DES LETTRES.				VALEUR des LETTRES.
	ISOLÉES.	LIÉES à la précédente.	LIÉES à la précédente et à la suivante.	LIÉES à la suivante.	
Elif.	ا	ـا	»	»	»
Bé.	ب	ـب	ـبـ	بـ	B.
Té.	ت	ـت	ـتـ	تـ	T.
Sé.	ث	ـث	ـثـ	ثـ	Ç ou T.
Djim.	ج	ـج	ـجـ	جـ	Dj.
Hhè.	ح	ـح	ـحـ	حـ	Hh.
Khè.	خ	ـخ	ـخـ	خـ	Kh.
Dal.	د	ـد	»	»	D.
Zal.	ذ	ـذ	»	»	Z ou D.
Ré.	ر	ـر	»	»	R.
Zéin ou Zé.	ز	ـز	»	»	Z.
Sin.	س	ـس	ـسـ	سـ	S, Ç.
Chin.	ش	ـش	ـشـ	شـ	Ch.
Ssâd.	ص	ـص	ـصـ	صـ	Ss.
Dhâd.	ض	ـض	ـضـ	ضـ	Dh.
Tha.	ط	ـط	ـطـ	طـ	Th.
Zha.	ظ	ـظ	ـظـ	ظـ	Zh ou Dh.
Ain.	ع	ـع	ـعـ	عـ	»
Ghain.	غ	ـغ	ـغـ	غـ	Gh ou Rh.
Fé.	ف	ـف	ـفـ	فـ	F.
Kâf.	ق	ـق	ـقـ	قـ	K.
Caf.	ك	ـك	ـكـ	كـ	C ou Q.
Lam.	ل	ـل	ـلـ	لـ	L.
Mim.	م	ـم	ـمـ	مـ	M.
Noun.	ن	ـن	ـنـ	نـ	N.
Ha.	ه	ـه, ـہ	ـهـ, ـہـ	هـ	H.
Waw.	و	ـو	»	»	W, Ou.
Yé.	ى	ـى	ـيـ	يـ	Y.
Lam-Elif.	لا, لا	ـلا	»	»	L-A.

GRAMMAIRE
ARABE VULGAIRE.

DES LETTRES DE L'ALPHABET.

1. Les Arabes écrivent de droite à gauche; ils ont vingt-huit lettres. (Voyez le tableau.)

2. L'*èlif* fait quelquefois fonction de consonne; alors il est affecté du signe (ء), et doit proprement s'appeler *hamzè,* du nom de ce signe. Il indique une légère articulation gutturale qu'on ne peut représenter avec nos caractères. L'*èlif* consonne est susceptible de prendre les trois voyelles arabes. Exemples: أَب *'ab* (père), إبرة *'ibrè* (aiguille), أُمّ *'oumm* (mère).

3. Lorsque l'*èlif* sert de voyelle longue, il se prononce avec des lettres gutturales et emphatiques, surtout avec ces dernières, comme un *â* ouvert. Ex.: بغال *b'ghâl* (mulets), افضال *afdhâl* (bienfaits).

4. Après les autres consonnes, il a aussi le son d'un *a* long, mais beaucoup moins ouvert; le son d'un

e doit même s'y mêler très-légèrement. Ainsi les mots حزام et كلاب ne doivent point se prononcer *hh'zâm* et *k'lâb,* mais presque *hh'zaem* (sangle), et *k'laeb* (chiens). A Alep et dans plusieurs autres endroits de la Syrie, on prononce cet *èlif* long absolument comme *é,* ou comme notre *ai,* dans les mots *baie, claie.* Ainsi l'on dit : *hh'zêm* ou *hh'zaim, k'lêb* ou *k'laib.*

5. Cette prononciation, dans laquelle le son de l'*e* domine celui de l'*a,* ou, si l'on veut, dans laquelle le son d'un *i* est réuni à celui de l'*a,* se nomme en arabe إمالة *imalè.* Elle est de règle dans la lecture du Coran pour certains mots, tels que دار, ناس, que l'on doit prononcer *nês* ou *nais* (hommes), et *dêr* ou *dair* (habitation) (1). C'est à tort que les Alepins et quelques autres Syriens appliquent l'*imalè* indis-

(1) Voyez, sur l'*imalè,* la *Grammaire arabe* de M. de Sacy (vol. I, pag. 40, 2e édition), et son *Anthologie grammaticale,* pages 103, 322, 345.

Le mot *imalè* إمالة signifie *faire incliner* (*l'èlif vers le yè*), c'est-à-dire donner à l'*èlif* une prononciation approchant de celle du *yè.* Pour bien comprendre ceci, il faut se représenter les sons *â, ê, é, i,* comme formant une suite de tons ou de degrés, qui peuvent même se subdiviser encore. L'*imalè* sera plus ou moins marquée, selon qu'on donnera

tinctement à presque tous les mots dans lesquels l'*èlif* long forme une seule syllabe avec une consonne qui n'est point emphatique. Aussi les habitants de Damas leur reprochent-ils ordinairement ce défaut de prononciation, défaut que les habitants de Bairout poussent jusqu'à l'excès. Ceux-ci donnent à l'*èlif* long le son de notre *é* fermé suivi d'un *e* muet, comme à la fin des mots *arrivée, journée*. Ainsi ils disent : *hh'zéem, k'léeb*.

6. L'*èlif* précédé d'un و, qui termine certaines personnes du pluriel dans les verbes, ne se prononce point. Ex. : قالوا *kâlou* (ils ont dit). L'*èlif* joue ici le même rôle que notre *e* muet dans le mot *boue*.

7. Le ب et le ت répondent exactement à notre B et à notre T. Néanmoins, dans l'Algérie et le reste de la Barbarie occidentale, un grand nombre d'Arabes prononcent le ت Ts.

à l'*èlif* une prononciation plus ou moins voisine, dans cette échelle, du ton *i*.

On peut remarquer aussi que prononcer *nais* ou *nês*, le mot نَاس, c'est en quelque sorte considérer ce mot comme étant écrit نَيْس. Voyez le ى surmonté d'un *djezm* et précédé d'un *fethha*, n° 39.

Les Turcs qui apprennent la langue française désignent sous le nom d'*imalet* la prononciation que notre accent circonflexe donne à l'E.

8. Le ث, dans le langage usuel, se prononce tantôt comme un S, et tantôt comme un T. Ainsi le mot ثلاثة (trois) se prononce *t'laté,* tandis que le mot حديث (discours) se prononce, dans toute la haute Syrie, *hhadis*. L'usage seul peut apprendre les cas où l'on donne au ث l'une ou l'autre de ces deux prononciations. Celle du T est la plus commune. Les Arabes confondent souvent, dans l'écriture, cette lettre ث avec le ت. La plupart des Bédouins d'Orient et des habitants de Bagdad, ainsi que beaucoup de Barbaresques, l'articulent comme le *th* anglais dans le mot *thing,* ou, ce qui est la même chose, comme le θ des Grecs modernes. Cette prononciation est regardée comme la plus correcte ; aussi est-elle généralement adoptée, pour la lecture du Coran, par les personnes qui se piquent de lire purement.

9. La prononciation la plus généralement usitée, et en même temps la plus correcte, pour le ج, est celle qu'on peut rendre en français par Dj, en observant de ne pas appuyer fortement sur le D. Elle est adoptée partout pour la lecture du Coran. Au Kasraouan et dans quelques autres parties de la Syrie, on prononce le ج absolument comme notre J. Le peuple

d'Égypte le prononce comme notre G suivi d'un A, ou Gu. Ainsi le mot جَمَل se lit généralement *djèmèl;* au Kasraouan, *jèmèl;* en Égypte, *guèmèl*. Les Barbaresques prononcent, dans certains mots, le ج comme Gu; alors ils l'écrivent souvent avec trois points.

10. Le ح indique une aspiration gutturale très-forte, que je rendrai par *hh,* faute d'autre signe. Aucune description écrite ne peut donner une connaissance parfaite de la manière d'articuler certaines lettres, telles que celle-ci. Après avoir entendu et bien remarqué l'articulation que donnent à cette lettre les personnes qui la prononcent bien, il faut chercher à imiter leur prononciation en s'exerçant sur des mots tels que صَحِيح *ssahhihh* (vrai), مَبْحُوح *mabhhouhh* (enroué).

11. Le خ répond au *jota* espagnol; il est plus dur que le *ch* allemand précédé d'un *a;* il indique une articulation semblable au raclement produit dans la partie supérieure du gosier par l'effort qu'on fait pour cracher. Les Maltais et les Juifs de Barbarie confondent souvent le ح avec le خ.

12. Le د correspond à notre D.

13. Le ذ se confond, dans le langage usuel, tantôt avec le *dal*, comme dans les mots ذهب *dahab* (or), ذاق يذوق *dak ydouk* (goûter) ; tantôt avec le *zèin*, comme dans les mots رذيل *rèzil* (vil), الذى *ellèzi* (qui). Tel est du moins l'usage en Orient.

14. Les personnes instruites, en lisant le Coran, donnent au ذ l'articulation du δ, tel que le prononcent les Grecs modernes, c'est-à-dire du *th* anglais dans l'article *the*.

15. Le ر et le ز correspondent à notre R et à notre Z.

16. Le س répond à notre S ou Ç ; le ش, à notre Ch.

17. Le ص et le ط sont, le premier un S, le second un T articulés fortement et avec emphase. Il faut bien se garder de les confondre dans la prononciation avec le س et le ت. Cette nuance, cette emphase par laquelle ils en diffèrent, n'est pas toujours saisie facilement par un Européen. Il est impossible de la définir précisément, mais on peut dire, comme l'a remarqué M. de Sacy, qu'il se fait en quelque sorte entendre un *o* sourd après les consonnes emphatiques. Ainsi, صاد se prononce comme *ssoâd*. On peut ob-

server encore que le jeu des organes diffère dans la prononciation des lettres ص, ط, et س, ت, en ce que, pour produire l'articulation des premières, il s'opère un gonflement dans la gorge, et que le son de la voyelle qu'on leur donne vient de plus bas.

18. Il est néanmoins des cas où il est permis de confondre le س avec le ص dans la prononciation; c'est lorsque le س se trouve réuni dans la même syllabe avec une des lettres غ, ظ, ط, ق. Ainsi, les mots سَقْف (plafond), et سُقْم (maladie), peuvent se prononcer et se prononcent généralement comme s'ils étaient écrits صَقْف et صُقْم. Il est même difficile de prononcer autrement, parce que, pour donner au ق l'articulation forte qui lui convient, l'on est presque obligé de renforcer le س, et de le changer ainsi en ص. Cet usage fait qu'on rencontre quelquefois dans l'écriture vulgaire des mots dans lesquels le س est remplacé par un ص (1).

(1) On lit le passage suivant, à la page 274 d'un manuscrit appartenant à la Bibliothèque Impériale, qui provient de Scheidius, et contient un commentaire sur les *Moallakat* : اذا اجتمعت السين والقاف والسين والطآ والسين والغين والسين والصاد فانت الخيار فيهـا ان شئت سيّنتها وان شئت صوّدتها

19. Le ص est un D fort et emphatique. Dans la bouche de beaucoup d'Arabes, et surtout des habitants de Bagdad et des Bédouins, il a la prononciation du ϑ des Grecs modernes articulé avec emphase : il diffère ainsi du ذ comme le ص du س.

20. Le ظ se prononce tantôt comme un Z emphatique. Ex. : عَظِيم *azhim* (grand), ظَرِيف *zharif* (élégant) ; tantôt comme un D emphatique ; il se confond alors avec le ض. Ex. : عَظْم *adhm* (os), ظُهْر *dhohr* (midi).

21. Le ع indique une articulation gutturale, qui ne peut se rendre par aucune lettre usitée en Europe. Il faut l'entendre pour s'en faire une idée ; on cherchera ensuite à prononcer les mots نَعْنَاع (menthe), بَعَّج (faire crever).

22. غ est un R fortement grasseyé ; on peut le rendre par *rh* ou *gh*.

23. Le ف répond à notre F. Les Barbaresques

« Lorsque, dans une même syllabe, un *sin* se rencontre avec un *kaf*, « un *tha*, un *ghain* ou un *ssâd* (ce dernier cas est impossible), vous « avez le choix de conserver le *sin* ou d'en faire un *ssâd*. »

Cette règle est donnée au sujet du mot سَقْب (petit chameau), que l'on écrit aussi صَقْب.

mettent le point de cette lettre en dessous (ڢ).

24. Le ق indique une articulation forte et emphatique que l'on peut comparer à celle de notre K, mais tirée du gosier. Les Bédouins le prononcent comme notre G devant A, en l'articulant aussi du gosier. Beaucoup d'Arabes de Syrie et d'Égypte ne donnent au ق presque aucune articulation ; ils le rendent par une espèce d'hiatus ou d'aspiration brusque qui conserve toujours quelque chose de guttural ; cette prononciation, d'ailleurs vicieuse, est surtout commune parmi les chrétiens. On peut s'exercer à ces trois différentes prononciations sur des mots, tels que قاق (corbeau), حقيقة (vérité), تَحَقَّقَ (se convaincre).

Les Barbaresques ne donnent au ق qu'un point placé dessus (ڧ). Ils le prononcent comme un *k* ou un *g* guttural. Lorsqu'ils lui donnent cette dernière articulation, ils mettent souvent trois points dessus, et plus rarement dessous.

25. Le ك se prononce généralement comme notre C devant A ou Qu. Ex. : كسروان *Casraouan* ou *Quasraouan* (nom de province). Je le rendrai indifféremment par C, Qu ou K.

26. Dans quelques mots, surtout si ce sont des mots tirés du turc, beaucoup de personnes donnent au ك l'articulation de Gu. Ainsi, l'on dit : كزدر *guèzder*, يكزدر *yguèzdir* (promener et se promener). Les Barbaresques prononcent aussi le ك comme *gu* dans plusieurs mots, particulièrement dans des mots empruntés aux langues italienne et espagnole. Ils l'écrivent alors surmonté de trois points.

27. Les Bédouins d'Orient donnent au ك la prononciation du C italien devant un E ou un I, que l'on peut indiquer en français par *tch*. Ainsi, ils prononcent à peu près كلب *tchèlb* (chien).

28. Il est d'un usage presque général en Syrie de mouiller le ك dans le mot كان (il a été), que l'on prononce *quian*.

29. Le ل, le م et le ن ne diffèrent en rien de notre L, de notre M et de notre N.

30. Le ه est une aspiration plus forte que notre H aspiré ; mais il n'exige aucune articulation du gosier, et c'est en cela qu'il diffère du ح. J'observerai ici que les anciens grammairiens arabes comptent le ه au nombre des lettres gutturales. Il faut supposer que la prononciation de cette lettre, comme

peut-être aussi celle de quelques autres, a éprouvé par la suite des temps une légère altération ; car, dans la bouche des Arabes modernes, l'articulation propre au ة n'a rien de guttural.

31. Le ة à la fin des mots est quelquefois surmonté de deux points (ة), et alors c'est un véritable T. Cependant on ne le prononce T que quand le mot à la fin duquel il se trouve est suivi d'un autre mot qui lui sert de complément et représente un génitif, comme : ديرة حلب *dirèt Hhalèb* (la banlieue d'Alep), ou suivi d'un adjectif avec l'article, comme : السجّادة الكبيرة *esseddjadet el-k'biré* (le grand tapis). Dans les autres cas, le ة final se prononce *à* ou *é* (1). Ainsi l'on dit كبيرة *k'biré* (grande), حمارة *hh'mara* (ânesse). L'usage seul peut apprendre précisément quels sont les mots dans lesquels on lui donne l'un ou l'autre son. En Barbarie, il a presque toujours le son d'un *a*; pour les dialectes d'Orient, on

(1) En m'exprimant ainsi, je me conforme à l'apparence; car, en réalité, c'est la voyelle précédente qui se prononce *a* ou *è*, et le ة reste muet. C'est ainsi que notre T français est muet à la fin des mots *soldat*, *banquet*, à moins que la rencontre d'une voyelle initiale du mot suivant ne le fasse articuler.

peut assez généralement se régler sur les observations suivantes :

32. Le ة se prononce comme un *a* après les lettres emphatiques ou gutturales. Ex. : نقطة *noktha* (point), ضيقة *dhika* (gêne), طاعة *thâa* (obéissance).

Après les autres lettres il se prononce communément *è*. Ex. : سجّادة *seddjadè* (tapis), دبّانة *dûb-banè* (mouche), etc. Cependant, quand il se trouve une lettre emphatique dans la syllabe précédente, cette lettre exerce quelquefois son influence sur le ة, qui alors se prononce *a*. Ex. : ضَمَّة *dhamma* (signe orthographique).

Après le ر, qui est une lettre légèrement emphatique, il se prononce le plus souvent comme un *a*. Ex. : شجرة *chadjra* (arbre), تمرة *tèmra* (datte), حسرة *hhasra* (soupir). Quelquefois, mais rarement, comme *é* ou *è*. Ex. : ابرة *ibré* (aiguille), تذكرة *tèzkèrè* (billet). Mais on peut remarquer qu'il a le son d'un *a* lorsqu'il est joint à un ر redoublé ou précédé soit d'un ا long, soit d'un و. Ex. : جرّة *djarra* (jarre), مرّة *marra* (fois), حمارة *hh'mara* (ânesse), فارة *fara* (souris), شختورة *chakhtoùra* (bateau), صورة *ssoura* (figure). Enfin, si le ر est précédé d'un ي long, le ة se prononce *é*,

comme dans كبيرة *k'biré* (grande), اجيرة *edjiré* (servante).

33. Dans le Kasraouan et dans quelques autres parties de la Syrie, le ة se prononce souvent comme un *i*. Ainsi l'on dit : نوبة *naubi* (musique), سكينة *sikkini* (couteau), etc. Mais cela n'a jamais lieu après les lettres emphatiques ou gutturales. Ainsi l'on ne dit jamais نقطة *nokthi* (point), au lieu de *noktha*.

Dans l'écriture usuelle on omet le plus souvent les deux points du ة lorsqu'il ne doit point être prononcé *t*.

Dans les cas où les autres Arabes prononcent le ة *t,* beaucoup de Barbaresques le prononcent *ts,* comme le ث.

34. Le و, faisant fonction de consonne, peut se rendre par un W. Il se prononce comme *ou* en français dans le mot *oui*. Ex. : ورد *ouèrd* ou *wèrd* (rose).

35. Le و de prolongation, ou servant de voyelle longue, se prononce toujours *ou*. Ex. : منصور *manssour* (aidé de Dieu).

36. Lorsque le و devrait être marqué d'un *djezm* et précédé d'un *fethha* (signes dont il sera parlé plus

loin), on le prononce à peu près comme un *ô,* ou comme notre *au*. Ex. : يَوْمٌ *yaum* (jour), قَوْمٌ *kaum* (gens), et non pas *ya-oum, ka-oum;* ou, du moins, le son de l'*a* doit être presque insensible et faire une diphthongue avec *ou*. C'est ainsi qu'on prononce en italien *au* dans les mots *causa, paura*. Les Barbaresques ne distinguent presque point, dans la prononciation, le و *djezmè* du و de prolongation. Ainsi ils prononcent les mots يَوْمٌ *youm* (jour), مَوْتٌ *mout* (mort), لَوْن *loun* (couleur).

37. Le ي, servant de consonne, répond à notre Y. Ex. : *yèd* (main).

38. Le ي, voyelle ou de prolongation, se prononce *i* long, comme dans le mot فَرِيد *férid* (unique). A la fin des mots il peut quelquefois être muet. Ex. : عَلَى *àla* (sur), رَمَى *rama* (il a jeté), etc.

39. Mais lorsque le ي doit être marqué du *djèzm* et précédé d'un *fethha,* il se prononce à peu près comme *ê,* ou *ai* dans *baie*. Ex. : صَيْد *ssêd* ou *ssaid,* et non *ssa-ïd* (chasse). En Barbarie, on fait peu de différence entre le ي *djezmè* et le ي de prolongation. Les mots بَيْت, بُحَيْرَة se prononcent communément *bit* (maison), *bohhira* (potager).

40. Les Barbaresques ne disposent pas tout à fait les lettres de l'alphabet dans le même ordre que les Arabes orientaux. Voici celui qu'ils ont adopté :

ا, ب, ت, ث, ج, ح, خ, د, ذ, ر, ز, ط, ظ, ك, ل, م
ن, ص, ض, ع, غ, ڢ, ڧ, س, ش, ه, و, لا, ى

Ordinairement ils suppriment les points des lettres ڢ, ڧ et ن lorsqu'elles se trouvent à la fin d'un mot.

DIVISION DES LETTRES.

41. On appelle lettres solaires (شَمْسِيَّة) les lettres :

ت, ث, د, ذ, ر, ز, س, ش, ص, ض, ط, ظ, ل, ن

toutes les autres sont nommées lunaires (قَمَرِيَّة).

Les mots qui commencent par une lettre solaire, et auxquels est joint l'article ال *el,* perdent dans la prononciation le *lam* de l'article, et, dans ce cas, on redouble la lettre solaire. Ainsi, le mot أَلرَّحِيم (*el-rahhim*), se prononce *er-rahhim* (le miséricordieux).

42. On appelle lettres *infirmes* ou *faibles* (حُروف عِلَّة) les lettres ا, و, ى, parce qu'elles sont sujettes

à diverses permutations, et qu'elles disparaissent même entièrement dans certains cas.

DES VOYELLES.

43. Les signes par lesquels les Arabes représentent les voyelles brèves, sont :

Le *Fethha* فَتْحَةٌ ou فَتْحٌ ـَـ = A. È. É.

Le *Kesra* كَسْرَةٌ ou كَسْرٌ ـِـ = E. I.

Le *Dhamma* ضَمَّةٌ ou ضَمٌّ ـُـ = O. Ou.

Ces signes sont ainsi appelés dans le corps du mot (الْحَشْوُ), ou pour indiquer une désinence invariable (بِنَا). La lettre affectée d'un de ces signes est qualifiée de مَفْتُوحَةٌ, ou de مَكْسُورَةٌ, ou de مَضْمُومَةٌ.

44. Mais lorsques ces signes indiquent des inflexions finales variables, ils prennent le nom de :

Nassbè نَصْبَةٌ ـَـ

Khefdha خَفْضَةٌ ـِـ

Rèfea رَفْعَةٌ ـُـ

La raison en est qu'on désigne sous les dénominations de نَصْب, خَفْض et رَفع, l'état d'un mot dont la dernière lettre est affectée d'une des trois voyelles, et l'on qualifie ce mot de مَنْصُوب, de مَخْفوض, ou de مَرْفوع.

45. Ces signes ne se rencontrent presque jamais dans l'écriture usuelle ; cependant ils sont généralement connus, et surtout sous les dénominations de *nassbè, khefdha* et *rèfeâ*.

46. Il est essentiel de remarquer que, dans la prononciation ordinaire, les voyelles brèves n'ont presque jamais un son pur et distinct. Les lettres gutturales et emphatiques leur donnent surtout un son vague que l'on ne peut rendre avec nos voyelles.

47. Il faut observer aussi que l'on supprime presque toujours la première voyelle des mots qui commencent par une syllabe simple. Ainsi l'on dit *m'safir* مُسَافر (voyageur), au lieu de *mouçafir ; f'thour* فطور (déjeuner), au lieu de *fathour*.

48. On fait même souvent sentir un *e* muet avant la première consonne pour en faciliter l'articulation. Ex. : *embârak* مبارك (béni). Cela a lieu surtout si la seconde consonne est une lettre gutturale ou emphatique, comme dans les mots *erkhiss* رَخيص (qui

est à bon marché), *emkaddèm* مُقَدَّم (commandant), *emtharraz* مُطَرَّز (brodé).

49. Les trois signes des voyelles brèves sont quelquefois redoublés à la fin des mots ; alors ils prennent le nom de *nunnations* (تنوين), et l'articulation d'un *noun* est ajoutée au son propre à chaque voyelle. Voici quelle est leur figure et leur valeur :

Tanwin ennassb تَنْوِين النَّصْب ـً = An.
Tanwin elkhefdh تَنْوِين الخَفْض ـٍ = In.
Tanwin errèfê تَنْوِين الرَّفْع ـٌ = Oun.

Ces signes sont également fort rares dans l'écriture usuelle ; on fait néanmoins un peu plus d'usage du premier que des deux autres.

50. Ces voyelles simples ou redoublées, placées à la fin des mots, indiquent dans l'arabe littéral les cas des noms et adjectifs, les personnes et les modes des verbes, et constituent la différence théorique principale qui existe entre l'idiome savant et la langue vulgaire ou parlée. Tous les musulmans en lisant le Coran prononcent ces voyelles finales, qui sont toujours écrites dans les exemplaires manuscrits de ce

livre sacré pour eux. Les savants prononcent également les désinences grammaticales *en lisant* des vers ou de la prose, et les personnes qui ont un peu de littérature font aussi sentir, *en lisant,* quelques voyelles finales ; mais en général, dans la conversation, on ne fait point entendre ces voyelles.

On dit que dans le Hedjaz il est des Arabes qui emploient en parlant quelques-unes des voyelles finales, c'est-à-dire qui se servent dans la conversation d'un langage approchant de l'idiome littéral ; c'est un fait dont je n'ai pas une connaissance certaine. On a observé aussi que les Barbaresques occidentaux font sentir en parlant un petit nombre des voyelles qui marquent les cas, particulièrement des *kesra :* c'est une exception à l'usage général.

51. Les voyelles longues sont l'*èlif* précédé d'un *fethha,* comme dans كتاب *kitâb* (livre) ; le *waw* précédé d'un *dhamma,* comme dans قلوب *kouloûb* (cœurs) ; le *yè* précédé d'un *kesra,* comme dans جميل *djèmîl* (beau). Les lettres ا, و, ى, servent alors à prolonger le son des voyelles brèves qui leur sont homogènes ; ceci n'a lieu cependant que lorsque ces lettres se trouvent placées dans le corps d'un mot,

car, lorsqu'elles sont finales, elles ne prolongent pas le son; ainsi, dans les mots بلَا *bela* (sans), يرجُو *yerdjou* (il espère), ابنِى *ebni* (mon fils), la dernière syllabe se prononce brève.

L'*èlif*, servant de voyelle longue, est souvent omis dans l'écriture barbaresque.

DES DIFFÉRENTS SIGNES ORTHOGRAPHIQUES.

52. Le *soucoun* سكُون (ْ) sépare la syllabe composée à la fin de laquelle il se trouve de la suivante. Ex. دَحْرَجْ *dahh-radj* (rouler). La lettre surmontée d'un (ْ) est qualifiée de سَاكِنَة *saquenè* (quiescente). Le mot dont la dernière consonne est affectée d'un (ْ) est qualifié de مَجْزوم *mèdjzoum*, et l'on dit qu'il est en état de جَزْم *djèzm*; dans ce cas le signe (ْ), qui est placé sur la dernière consonne, prend le nom de جَزْم *djèzm* ou de جَزْمَة *djèzmè*. Les Barbaresques donnent à ce signe la figure d'un petit zéro (°).

53. Le *wasl* وَصْل (~) indique que l'*èlif* doit se retrancher dans la prononciation, et que la lettre

dont il est suivi ne doit former qu'une syllabe avec la dernière consonne du mot précédent. Ex. : أَبُو ٱلْقَاسِم, prononcez *abou'lkâcem,* au lieu d'*abou-el-kâcem.*

54. Le *meddè* مَدَّة (~) donne à l'*èlif* un son grave, et indique l'absence d'un second *èlif*. Ex. : سَمَآء *sèmâ* (ciel), pour سَمَاأ.

55. Le *techdid* تَشْدِيد (ّ) sert à redoubler la lettre sur laquelle il est placé. Ex. : عَتَّال *attal* (porte-faix). On le nomme aussi شَدَّة *cheddè*. Les Barbaresques le figurent souvent ainsi (v).

56. Le *hamzè* هَمْزَة (ء) se place au-dessus ou au-dessous de l'*èlif,* selon la voyelle dont il est affecté. Il marque que l'*èlif* ne fait point fonction de voyelle longue, mais qu'il doit s'articuler du gosier, comme un ع très-faible (voy. 2). Le *hamzè* se place aussi quelquefois sur le و et le ى, lorsqu'ils tiennent la place d'un *èlif,* et leur donne cette même prononciation; ceci est surtout sensible pour le و dans les pluriels, tels que رُؤُوس *rou'ous* (têtes), كُؤُوس *kou'ous* (coupes).

57. Le *hamzè* seul peut aussi tenir lieu d'un *èlif*.

Ainsi l'on écrit quelquefois يَسَّل pour يَسْأَل *yes-al* (il demande).

58. Tous ces signes orthographiques ne se rencontrent que très-rarement dans l'écriture vulgaire.

PERMUTATION DES LETTRES ا, و, ى.

59. Je n'entrerai point dans les détails des règles de permutation des lettres ا, و, ى. Ces règles, dont la connaissance est nécessaire pour rechercher par quels procédés grammaticaux certains mots ont acquis la forme sous laquelle ils se présentent, sont du domaine de l'arabe littéral ; je me contenterai de faire remarquer que, lorsque les lettres ا, و, ى, doivent être quiescentes, elles se changent ordinairement en la lettre analogue à la voyelle qui les précède. Ex. : مِيلَاد *milad* (naissance), pour مِوْلَاد, de la racine ولد.

DU VERBE.

60. Les verbes arabes se divisent en deux grandes classes : les primitifs et les dérivés.

61. Les verbes primitifs sont trilitères ou quadrilitères.

62. Les verbes trilitères sont réguliers ou irréguliers.

DU VERBE TRILITÈRE RÉGULIER.

63. On appelle ainsi un verbe dont la racine, c'est-à-dire la troisième personne du singulier masculin du prétérit, est formée de trois lettres parmi lesquelles ne se trouve aucune des lettres infirmes ا, و, ى, ni une lettre redoublée.

Lorsqu'on veut citer un verbe arabe, on énonce la troisième personne du singulier masculin de son prétérit, et non son infinitif, comme en français. Ainsi l'on dit le verbe كتب *katab* (il a écrit). Je préviens que lorsque je citerai des verbes arabes, je les traduirai par des infinitifs français.

Conjugaison d'un Verbe trilitère primitif régulier.

VOIX ACTIVE.

PRÉTÉRIT.

SINGULIER.

Person.	Masculin.	Commun.	Féminin.
3e	كتب *katab.*	«	كتبت *katabet.*
2e	كتبت *katabt.*	«	كتبتي *katabti.*
1re	«	كتبت *katabt.*	«

PLURIEL.

Person.	Masculin.	Commun.	Féminin.
3e	«	كتبوا *katabou.*	«
2e	«	(1) كتبتوا *katabtou.*	«
1re	«	كتبنا *katabna.*	«

AORISTE.

SINGULIER.

Person.	Masculin.	Commun.	Féminin.
3e	يكتب *yektob.*	«	تكتب *tektob.*
2e	تكتب *tektob.*	«	تكتبي *tektobi.*
1re	«	اكتب *aktob.*	«

PLURIEL.

Person.	Masculin.	Commun.	Féminin.
3e	«	يكتبوا *yektobou.*	«
2e	«	تكتبوا *tektobou.*	«
1re	«	نكتب *nektob.*	«

IMPÉRATIF.

SINGULIER.

Person.	Masculin.	Commun.	Féminin.
2e	اكتب *ektob.*	«	اكتبي *ektobi.*

(1) Plus régulier, mais usité seulement dans le discours écrit, كتبتم *katabtoum.*

PLURIEL.

Person.	Masculin.	Commun.	Féminin.
2e	«	اكتبوا *ektobou.*	«

PARTICIPE.

SINGULIER.

كاتب *katib.*	«	كاتبة *katibè.*

PLURIEL.

كاتبين *katibin.*	«	كاتبات *katibat.*

INFINITIF.

كتابة *kitabè.*

64. Dans le langage ordinaire on ne se sert point du duel dans les verbes.

Comme l'on n'indique point les voyelles, on écrit un ى à la deuxième personne du singulier féminin du prétérit (au lieu du *kesra* qu'elle devrait avoir), pour la distinguer de la deuxième personne du masculin.

On doit néanmoins avertir que dans les livres écrits avec un peu de soin, dans la poésie, et même dans le style épistolaire, on fait quelquefois usage du duel, et que l'on se conforme aussi davantage aux règles de conjugaison établies pour la langue savante. Par exemple, on trouve assez souvent pour les deuxième et troisième personnes du pluriel masculin de l'aoriste indicatif يكتبون et تكتبون, plus rarement pour le féminin يكتبن et تكتبن, etc.

65. Les temps qui ne se trouvent point sur le tableau, se forment par le moyen de quelques mots auxiliaires; le principal est le verbe كان *kan* (être), dont le paradigme se trouvera dans les verbes irréguliers.

REMARQUES SUR L'AORISTE.

66. Le temps indéfini, ou aoriste, peut servir indifféremment pour le présent ou le futur. Ainsi يكتب *yektob* peut vouloir dire *il écrit,* ou *il écrira,* suivant la manière dont il est employé.

67. Le peuple de Barbarie dit à la première personne du singulier de l'aoriste نَكْتُب *nektob* ou *nekteb* (j'écris), au lieu de أكتب *aktob,* et à la première personne du pluriel نكتُبوا *nektobou* ou *nektebou* (nous écrivons), au lieu de نكتب *nektob*. C'est aussi un usage assez général parmi les Barbaresques de faire subir une certaine transposition de voyelle à l'aoriste suivi d'un pronom affixe. Ainsi ils prononcent : يكتبه

yeketb-ho (il l'écrit), au lieu de *yekteb-ho;* يضربه *yedherb-ho* (il le frappe), au lieu de *yedhreb-ho*.

68. En Syrie et en Égypte on ajoute souvent à l'aoriste un ب qui se change en م à la première personne pluriel ; ainsi l'on dit :

SINGULIER.

Person.	Masculin.	Commun.	Féminin.
3e	بيكتب *byktob.*	«	بتكتب *btektob.*
2e	بتكتب *btektob.*	«	بتكتبى *btektobi.*
1re	«	بكتب *bektob* (Syrie). باكتب *baktob* (Égypte).	

PLURIEL.

Person.	Masculin.	Commun.	Féminin.
3e	«	بيكتبوا *byktobou.*	«
2e	«	بتكتبوا *btektobou.*	«
1re	«	منكتب *mnektob.*	«

69. Le Présent. Si l'on veut préciser le temps présent (1), on fait précéder l'aoriste du mot عمّال *ammal* (agissant), pluriel عمّالين *ammalin,* pour le masculin, et عمّالة *ammalè,* pluriel عمّالات *ammalat,* pour le féminin, que l'on abrége le plus commu-

(1) On peut préciser le présent, dans le langage littéral, en faisant précéder l'aoriste d'un لَ ; ainsi لَيَكْتُبُ équivaut à الآنَ يَكْتُبُ (il écrit actuellement). (*Traité des Conjugaisons*, par Élious Bocthor, p. ٢٨).

nément en disant عمّ *amm* pour les deux genres et les deux nombres.

EXEMPLES :

عم بيكتب ou عمال *ammal* ou *amm byktob*,	il	écrit actuellement.
عم بتكتب ou عمالة *ammalè* ou *amm btektob*,	elle	
عم بيكتبوا ou عمالين *ammalin* ou *amm byktobou*,	ils	écrivent actuellement.
عم بيكتبوا ou عمالات *ammalat* ou *amm byktobou*,	elles	

L'usage du mot عمّال est particulier à l'Égypte et à la Syrie. Au Maroc on y supplée par un كى dont on fait précéder l'aoriste. On dit, par exemple, كَيكتب *kèyektob* ou *kèyekteb* (il a écrit actuellement). Plus rarement on dit تيكتب *tèyektob* ou *tèyekteb*.

Les Arabes de l'Algérie emploient au même usage la particule را, suivie des pronoms affixes. Ainsi ils disent : راه يكتب *raho yektob* ou *yekteb* (il écrit actuellement); الظلم الذى راه يصير فينا *eddhoulm ellèdi raho yessir fina* (l'injustice que nous éprouvons actuellement).

70. Dans plusieurs verbes on peut se servir, pour exprimer le présent, d'un pronom personnel et du participe, ou d'un adjectif dérivé du verbe. Ainsi du verbe راح *rahh* (aller), on fait انا رايح *ana rayehh*

(je vais) ; du verbe عطش *athach* (avoir soif), on fait انا عطشان *ana athchân* (j'ai soif), etc. Les Barbaresques disent encore, en se servant de la particule را, راني ماشي *rani mâchi* (je vais) ; راني عطشان *rani athchân* (j'ai soif).

71. Le Futur. Pour déterminer le futur, on emploie, en Syrie et en Égypte, le mot بدّ *bedd,* auquel on ajoute le pronom affixe des différentes personnes (voyez l'article des pronoms), et l'on place ce mot avant l'aoriste (1). Ainsi l'on dit :

بده يكتب *beddo yektob,*	il	écrira, *ou* doit écrire.
بدها تكتب *bedd-ha tektob,*	elle	
بدك تكتب *beddak tektob,*	masc.	tu écriras, *ou* dois écrire.
بدك تكتبي *beddek tektobi,*	fém.	

C'est ainsi qu'en anglais on forme des futurs avec le mot *shall.*

72. On remarquera qu'avec بدّ *bedd* on n'emploie pas bien la forme d'aoriste qui a le م à la première personne du pluriel, et le ب à toutes les autres.

(1) On détermine le futur de l'arabe littéral en faisant précéder l'aoriste de la particule سوف *sauf,* ou par abréviation س. Ex.: سَوْفَ يَكْتُبُ ou سَيَكْتُبُ (il écrira).

Ainsi بده بيكتب *beddo byektob* (il doit écrire) serait mal dit (1).

Il est d'un usage fréquent, dans la prononciation, de ne point faire entendre l'*èlif* caractéristique de la première personne du singulier de l'aoriste, précédée de بدّ. Ainsi, au lieu de dire بدى اكتب *beddi aktob* (j'écrirai), on prononce *beddi 'ktob*. Ceci se fait remarquer surtout dans les verbes irréguliers nommés concaves. Ainsi l'on prononce le plus souvent بدى اروح *beddi rouhh,* au lieu de *beddi arouhh*.

73. Pour indiquer une action future très-prochaine, on se sert en Barbarie du mot ماشى *mâchi* (participe du verbe مشى aller), placé devant l'aoriste. Ex. : اش ماشى تعمل *ach mâchi tamèl* (que vas-tu faire?). On dit de même en Syrie ايش رايح تعمل *eich rayèhh tamèl*.

74. L'Imparfait. L'imparfait se forme avec l'aoriste du verbe, et le prétérit de l'auxiliaire كان.

EXEMPLES :

كان يكتب *kan yektob*,	il	écrivait, etc.
كانت تكتب *kanet tektob*,	elle	

(1) On ne doit point non plus faire usage de cette forme d'aoriste après la particule أن *an* (que) exprimée ou sous-entendue.

75. L'observation faite pour le mot بدّ, au n° 72, s'applique également au verbe كان.

76. On peut aussi déterminer plus précisément le temps où l'action s'est passée, en associant le verbe كان avec le présent défini. Ex. : كان عمال يكتب *kan ammal yektob* (il écrivait *ou* il était en train d'écrire).

77. L'imparfait défini peut encore s'exprimer, dans certains verbes, par le participe ou un adjectif dérivé du verbe, joint au prétérit كان. Ex. : كان رايح *kan rayehh* (il allait), كان عطشان *kan athchân* (il avait soif).

78. Le Plusque-parfait. Il se forme avec le prétérit du verbe et celui de l'auxiliaire كان. Ainsi l'on dit :

كان كتب *kan katab*,	il	avait écrit, etc.
كانت كتبت *kanèt katabèt*,	elle	

79. Le Futur passé. Il se compose de l'aoriste de l'auxiliaire كان, joint au prétérit du verbe.

EXEMPLES :

يكون كتب *yekoun katab*,	il	aura écrit, etc.
تكون كتبت *tekoun katabèt*,	elle	

OBSERVATIONS SUR LE VERBE.

80. Ces temps s'emploient pour les modes indicatif, subjonctif et conditionnel, dont la distinction n'existe pas dans l'arabe vulgaire.

81. Le prétérit perd souvent la signification passée, surtout dans les phrases conditionnelles. Ex.: اذا اردت *iza 'radt* (si tu veux); ان كتب لى اردّ له جواب *in kàtàb li aroudd leho djewab* (s'il m'écrit, je lui répondrai). Dans les propositions corrélatives semblables à ce dernier exemple, le verbe de la seconde proposition peut aussi se mettre au prétérit. Ainsi l'on pourrait dire : ان كتب لى ردّيت له جواب, mais la première manière de s'exprimer est d'un emploi commun. L'usage et le sens des phrases indiqueront les cas où le prétérit arabe ne doit pas se traduire par le prétérit français.

82. La voyelle que l'on donne aux créments de l'aoriste, c'est-à-dire aux lettres ى, ن, ت, ا, ajoutées avant la première radicale, se prononce d'une manière si brève, qu'on ne peut la distinguer. Tantôt je la rends par un *e* muet, tantôt, pour les troisièmes personnes, je la supprime entièrement.

83. La seconde lettre radicale du verbe trilitère peut prendre à l'aoriste pour voyelle un *fethha,* un *kesra* ou un *dhamma,* suivant la voyelle dont elle est affectée au prétérit dans les dictionnaires. Je dis dans les dictionnaires, parce que la voyelle donnée à la seconde radicale dans le langage usuel se prononce presque toujours *a* ou *e* muet.

84. Des grammairiens arabes ont divisé les verbes en plusieurs باب *bab,* ou classes, qu'il est essentiel de connaître pour faire usage des dictionnaires nouveaux, tel que le Camous imprimé à Constantinople. Ils ont en outre divisé ces classes en plusieurs paradigmes ou *conjugaisons,* qu'ils nomment ميزان *mizan* (balance). Chaque verbe y est indiqué en énonçant d'abord le prétérit, ensuite l'aoriste, et enfin l'infinitif. C'est la différence seule des infinitifs qui distingue les paradigmes ou *balances* des verbes de même espèce et compris dans une même classe.

85. PARADIGMES.

Infinitif.	Aoriste.	Prétérit.	
نَصْرًا	يَنصُر	نَصَر	
دُخُولًا	يدخُل	دخَل	
كِتَابَةً	يكتُب	كتَب	
رَدًّا	يرُدّ	ردّ	فَعَل يفعُل 1re CLASSE.
قَوْلًا	يقول	قال	
عَدْوًا	يعدُو	عدا	
سُمُوًّا	يسمُو	سما	
ضَرْبًا	يضرِب	ضرَب	
جُلوسًا	يجلِس	جلَس	
بَيْعًا	يبِيع	باع	فَعَل يفعِل 2e CLASSE.
عُدًّا	يعِدّ	عدّ	
رَمْيًا	يرمِى	رمَى	
قَطْعًا	يقطَع	قطَع	فَعَل يفعَل 3e CLASSE.
خُضُوعًا	يخضَع	خضَع	
طَرَبًا	يطرَب	طرِب	
فَهْمًا	يفهَم	فهِم	فَعِل يفعَل 4e CLASSE.
سَلَامَةً	يسلَم	سلِم	
صَدًى	يصدَى	صدِى	
ظَرَافَةً	يظرُف	ظرُف	فَعُل يفعُل 5e CLASSE.
سُهُولَةً	يسهُل	سهُل	

6e CLASSE. فَعِلَ يَفْعِلُ | وَثِقَ يَثِقُ ثِقَةٌ

Ce tableau peut fournir les observations suivantes :

86. Si la seconde radicale se trouve marquée d'un *fethha* au prétérit, elle peut prendre à l'aoriste un *dhamma,* comme نَصَرَ *nassar,* aor. يَنْصُرُ *yenssor* (aider), ou un *kesra,* comme جَلَسَ *djèlès,* aor. يَجْلِسُ *yedjlis* (s'asseoir), ou enfin conserver à l'aoriste le *fethha* du prétérit. Ce dernier cas s'applique aux verbes dont la deuxième ou troisième radicale est une des lettres ء, غ, ع, خ, ح, ا. Ex. : قَطَعَ *kathà,* aor. يَقْطَعُ *yekthà* (couper).

87. Si la seconde radicale a pour voyelle au prétérit un *kesra,* on y substitue le plus souvent à l'aoriste un *fethha,* comme فَهِمَ *fèhem,* aor. يَفْهَمُ *yefhàm* (comprendre).

88. Les verbes dont la seconde radicale au prétérit est affectée d'un *dhamma* qu'elle doit conserver à l'aoriste, ne sont presque point usités dans le langage ordinaire.

89. A l'impératif, la deuxième radicale conserve toujours la même voyelle qu'à l'aoriste. L'*èlif* caractéristique de l'impératif ne se fait presque point

entendre. Ainsi أُكْتُبْ se prononce presque *ktob* (écris).

90. Le participe, que les Arabes appellent اسم فاعل *ism fâel* (nom d'agent), n'exprime point par lui-même une circonstance spéciale de temps, mais il peut être employé de manière à indiquer accessoirement une idée de temps présent, futur ou passé :

Présent, comme dans cette phrase : هو طالع وانا نازل *houa tâlè ou ana nazil* (il monte et je descends, mot à mot, il est *montant* et je suis *descendant*).

Futur, dans ces exemples : ان كنت قاتلى لا محالة *in kount kâtili la mahhala* (si tu dois me tuer, mot à mot, si tu es *devant-tuer* moi, certainement) ; انا مسافر غدا *ana m'çafir ghada* (je partirai, mot à mot, je suis *devant partir* demain).

Passé, quand on dit : كاتب الرسالة *katib erriçala* (*celui qui a écrit* la lettre) ; انت قاتل اخى *entè kâtil akhi* (tu es *celui qui a tué* mon frère).

VOIX PASSIVE.

91. Elle ne diffère de la voix active que par la disposition des voyelles. On forme le passif en donnant à la première radicale un *dhamma,* à la seconde

un *kesra,* pour le prétérit. Le verbe se conjugue alors comme s'il était de la 4ᵉ classe, c'est-à-dire de ceux qui, ayant au prétérit de l'actif un *kesra* sous la deuxième radicale, prennent un *fethha* à l'aoriste (nº 87).

92. Il y a néanmoins cette différence grammaticale entre le verbe passif et les verbes actifs de la quatrième classe, que les créments de l'aoriste ا, ى, ن, ت, devraient avoir pour voyelle un *dhamma* au passif. Mais cette voyelle reste insensible et vague dans la prononciation, comme pour l'actif (nº 82), en sorte que la différence disparaît presque totalement. Ainsi l'on dit :

Prétérit, قُتِل *koutil* ou *ketel*, il a été tué.
Aoriste, يُقْتَل *youktàl* ou *yektàl*, il sera tué.

93. On se sert très-peu, dans le langage ordinaire, de la voix passive ; on la remplace par une forme dérivée du verbe primitif.

94. Néanmoins on fait grand usage des participes passifs qui sont de la forme مكتوب *mektoub* (écrit). Ex. : مقتول *maktoul* (tué) ; منصور *manssour* (aidé).

Le participe passif est nommé en arabe اسم مفعول

ism mef'oùl (nom de patient). Il renferme quelquefois l'idée d'un vœu. Ex. : ابی المرحوم *abi 'l-marhhoum* (mon père, à qui Dieu fasse miséricorde !).

Verbes dérivés du Verbe trilitère régulier.

VOIX ACTIVE.

Formes.	PRÉTÉRIT.	AORISTE.	IMPÉRATIF.	PARTICIPE.
1re ou racine.	كَتَب *kàtab.*	يكتُب *yektob.*	أُكْتُب *ektob.*	كاتِب *katib.*
2^e	كَتَّب *kàttàb.*	يْكَتِّب *ykàttib.*	كَتِّب *kàttib.*	مْكَتِّب *m'kàttib.*
3^e	كاتَب *katàb.*	يْكاتِب *ykatib.*	كاتِب *katib.*	مْكاتِب *m'katib.*
4^e	أَكْتَب *àktàb.*	يُكْتِب *youktib.*	أَكْتِب *ektib.*	مُكْتِب *mouktib.*
5^e	تْكَتَّب *t'kàttàb.*	يِتْكَتَّب *yt'kàttàb.*	تْكَتَّب *t'kàttàb.*	مْتْكَتِّب *mut'kàttib.*
6^e	تْكاتَب *t'katàb.*	يِتْكاتَب *yt'katàb.*	تْكاتَب *t'katàb.*	مْتْكاتِب *mut'katib.*
7^e	إِنْكَتَب *enkàtàb.*	يِنْكَتِب *ynkàtib.*	إِنْكَتِب *enkàtib.*	مْنْكَتِب *munkàtib.*
8^e	إِكْتَتَب *ektàtàb.*	يِكْتَتِب *yktàtib.*	إِكْتَتِب *ektàtib.*	مْكْتَتِب *muktàtib.*

Formes.	PRÉTÉRIT.	AORISTE.	IMPÉRATIF.	PARTICIPE.
9e	اِكْتَبَّ *ektàbb.*	يَكْتَبّ *yktàbb.*	اِكْتَبِب *ektàbib.*	مُكْتَبِب *muktàbib.* مُكْتَبّ *muktàbb.*
10e	اِسْتَكْتَب *estàktàb.*	يَسْتَكْتِب *ystàktib.*	اِسْتَكْتِب *estàktib.*	مُسْتَكْتِب *mustàktib.*

95. Toutes ces formes de dérivés ne sont point usitées pour tous les verbes. Chaque verbe n'en admet que quelques-unes par lesquelles sa signification primitive reçoit diverses modifications.

96. On ne peut réduire à des règles bien précises les altérations que les formes dérivées apportent au sens de la racine ; mais, en général, la deuxième forme donne au verbe la signification transitive, comme عظّم *azzhàm* (magnifier), ou doublement transitive, comme كتّب *kàttàb* (faire écrire), ou enfin énergique, comme قطّع *katthà* (couper en beaucoup de morceaux).

97. La troisième forme a ordinairement le même sens que la première, mais avec la troisième on ne doit pas employer de préposition pour exprimer le rapport du verbe avec son complément. Ainsi, l'on

dira كاتبه *kâtàbo* (il lui a écrit), tandis qu'à la première on dit كتب له *kàtàb leho*. Cette règle est violée très-souvent dans le langage ordinaire.

La troisième forme peut encore exprimer l'émulation, comme سابق *sabàq* (chercher à dépasser quelqu'un à la course).

98. La quatrième est le plus souvent transitive; ainsi, de تعب *teèb* (être las), on fait اتعب *at-àb* (lasser).

99. La cinquième a souvent une signification qui répond à notre verbe réfléchi, comme تزوّج *tezawwèdj* (se marier). Quelquefois elle est le passif de la seconde. Ex. : تقطّع *teqàtthà* (être coupé en morceaux).

Le type ordinaire de la cinquième forme تكتّب est quelquefois changé en اكّتّب *ekkattab*. Ainsi l'on dit : اضّحّك *eddhahhak*, aoriste يضّحّك *yeddhahhak* (rire, se moquer), pour تضحّك *tedhahhak*, qui est également usité.

100. La sixième marque réciprocité d'action. Ex. : تضارب *tedhâràb* (se frapper réciproquement). Elle peut aussi marquer l'action de feindre, comme تعامى *teâma* (contrefaire l'aveugle); mais cette

signification est peu connue dans le langage usuel.

Comme la cinquième forme, la sixième admet une variante. Au lieu de تكاتب *tekâtab,* elle se change en اكّاتب *ekkâtab*. Ex. : اِدّارك *eddârak,* aoriste يدّارك *yeddârak* (pourvoir à), pour تدارك *tèdârak,* également usité.

Ces deux formes اكّتّب et اكّاتب, d'ailleurs fort rares, ne sont point particulières à l'arabe vulgaire. Elles se trouvent dans le Coran.

101. La septième est passive, comme انطرق *entharaq* (être frappé).

102. La huitième peut avoir la signification passive, comme انتصر *entassar* (être secouru de Dieu); ou réfléchie, comme اجتمع *edjtama* (se rassembler); ou active, comme افترس *eftèrès* (dévorer).

Le ت caractéristique de la huitième forme se change en ط lorsque la première radicale est une lettre emphatique. Ainsi l'on écrit اضطرب *edhtharab* (pron. *eththarab*) (être agité), au lieu de اضترب, huitième forme de ضرب.

Si la première radicale est une lettre analogue au ت pour la prononciation, par exemple un د, le ت se supprime, et l'on met pour le remplacer un *techdid* sur le د. Ex. : ادّعى *eddaa* (prétendre), au lieu de ادتعى, huitième forme de دعا.

103. La neuvième s'emploie pour les couleurs. Ainsi l'on dit : إسودّ *eswadd* (devenir noir); إحمرّ *ehhmarr* (devenir rouge); اصفرّ *essfarr* (devenir jaune), etc.

104. La dixième indique quelquefois le désir ou la demande de l'action signifiée par la première. Ainsi غفر *ghafar* (pardonner) fait à la dixième forme استغفر *estàghfar* (demander pardon).

Il est certains verbes, en très-petit nombre, à la dixième forme desquels on fait quelquefois subir, dans l'usage vulgaire, une modification. Ainsi, au lieu de استأنى *esta'na* (attendre), dixième forme de أنى, on dit استأنّى *estèenna* (ou *estenna*), aoriste يستانّى *yestenna;* au lieu de استراح *esterahh* (se reposer), dixième forme de راح, on dit quelquefois استريّح *esterayyah*.

105. Le passif de ces formes n'est point en usage dans la langue vulgaire, excepté pour quelques participes.

106. On forme ces participes passifs des parti-

cipes actifs correspondants (1), en changeant seulement en *fethha* le *kesra* qui se trouve sous la deuxième radicale à l'actif. Ainsi le participe passif de la deuxième forme est مكتّب *m'kàttab;* celui de la troisième est مكاتَب *m'katàb,* etc., etc.

VERBES IRRÉGULIERS.

107. Les verbes irréguliers peuvent se diviser en verbes sourds, verbes imparfaits et verbes hamzés.

Verbes sourds ou *redoublés.*

108. On appelle verbe sourd (فعل أصمّ) un verbe dont la deuxième et la troisième radicale sont une même lettre redoublée par un *techdid,* comme مدّ *mèdd* (étendre), représentant le verbe trilitère مدد *mèdèd.*

109. Prétérit. Dans le langage vulgaire on forme les première et deuxième personnes du prétérit, en intercalant un ى entre la dernière radicale (qui est la lettre redoublée) et les lettres finales caractéristiques des personnes. On dit donc :

(1) Voyez le tableau des Formes dérivées, page 38.

PRÉTÉRIT.

SINGULIER.

Person.	Masculin.	Commun.	Féminin.
3e	مَدّ *mèdd.*	«	مدّت *mèddèt.*
2e	مَدّيت *mèddeit.*	«	مَدّيتي *mèddeiti.*
1re	«	مَدّيت *mèddeit.*	«

PLURIEL.

Person.	Masculin.	Commun.	Féminin.
3e	«	مَدّوا *mèddou.*	«
2e	«	مَدّيتوا *mèddeitou.*	«
1re	«	مَدّينا *mèddeina.*	«

Néanmoins on fait souvent usage, dans le discours écrit et soigné, des formes régulières مَدَدْت (deuxième personne du singulier masculin), مَدَدْتِ (deuxième personne du singulier féminin), مددتم (deuxième personne du pluriel masculin), etc.

110. Aoriste. A l'aoriste, la voyelle dont la seconde radicale devrait être affectée, suivant la règle des verbes réguliers (nos 83 et suivants), passe à la première radicale. Ainsi le verbe مَدّ, qui est pour مَدد, et ferait régulièrement à l'aoriste يمدُد *yemdoud,* fait يمُدّ *yemoudd.*

111. Quand on se sert de la forme d'aoriste qui a le ب et le م avant les créments et qui est usitée

seulement en Syrie et en Égypte, on doit observer que la voyelle brève qu'on donne aux créments ت et ن dans les verbes réguliers (n° 82), doit être, dans les verbes sourds, transportée au ب ou au م, qui forment alors une syllabe composée avec le crément. Ainsi l'on dit بتمدّ *bet-moudd* (tu étends), بتلمّ *bet-loumm* (tu recueilles), tandis que l'on prononce بتكتب *b'tektob* (tu écris). De même l'on dit منمدّ *men-moudd* (nous étendons), et منلمّ *men-loumm* (nous recueillons), tandis qu'on prononce منكتب *m'nektob* (nous écrivons).

Cette remarque s'appliquera aussi aux verbes concaves dont il sera parlé plus loin.

112. Impératif. L'impératif est :

SINGULIER.

Masculin.	Commun.	Féminin.
مُدّ *moudd.*	«	مُدّي *mouddi.*

PLURIEL.

«	مُدّوا *mouddou.*	«

113. Participe. Le participe se forme quelquefois régulièrement, comme مادد *maded*. Exemple : حاطط *hhatheth* (posant, ou qui a posé) ; plus sou-

vent encore on fait la contraction et on lui donne la forme مادّ *madd*. Ex. : حادّ *hhadd* (tranchant).

114. PASSIF. Le passif du verbe sourd, qui serait مُدّ *moudd* (pour مُدِدَ), aoriste يُمَدّ *youmadd* (pour يُمْدَدُ), est peu usité; mais on se sert beaucoup des participes qui sont de la forme ممدود *mèmdoud* (étendu).

115. FORMES DÉRIVÉES DU VERBE SOURD.

VOIX ACTIVE.

Formes.	PRÉTÉRIT.	AORISTE.	IMPÉRATIF.	PARTICIPE.
1re ou racine.	مدّ *mèdd.*	يمُدّ *ymoudd.*	مُدّ *moudd.*	مادّ *madd,* ou مادِد *madid.*
2e	مدّد *mèddèd.*	يمدّد *ymèddid.*	مَدّد *mèddid.*	مُمَدِّد *mumèddid.*
3e	مادّ *madd,* ou مَادَد *madèd.*	يمادّ *ymadd,* ou يُمَادِد *ymadid.*	مادِد *madid.*	مُمَاد *mumadd,* ou مُمَادِد *mumadid.*
4e	أمَدّ *amèdd.*	يُمِدّ *youmidd.*	أمْدِد *emdid.*	مُمِدّ *moumidd.*
5e	تْمَدّد *t'mèddèd.*	يتمدّد *yt'mèddèd.*	تمَدّد *t'mèddèd.*	مُتمَدِّد *mut'mèddid.*

Formes.	PRÉTÉRIT.	AORISTE.	IMPÉRATIF.	PARTICIPE.
6ᵉ	تَمَادّ *t'madd,*	يِتْمَادّ *yt'madd,*	تْمَادَد *t'madèd.*	مُتْمَادّ *mut'madd,*
	ou تْمَادَد *t'madèd.*	ou يِتْمَادَد *yt'madèd..*		ou مُتْمَادِد *mut'madid.*
7ᵉ	إِنْمَدّ *enmèdd.*	يَنْمَدّ *ynmèdd.*	إِنْمَدِد *enmèdid.*	مُنْمَدّ *munmèdd.*
8ᵉ	إِمْتَدّ *emtèdd.*	يِمْتَدّ *ymtèdd.*	إِمْتَدِد *emtédid.*	مُمْتَدّ *mumtèdd.*
9ᵉ	إِمْدَدّ *emdèdd.*	يِمْدَدّ *ymdèdd.*	إِمْدَدِد *emdèdid.*	مُمْدَدّ *mumdèdd,*
				ou مُمْدَدِد *mumdèdid.*
10ᵉ	إِسْتَمَدّ *estèmèdd.*	يِسْتَمِدّ *ystémidd.*	إِسْتَمِدّ *estémidd.*	مُسْتَمِدّ *mustémidd.*

Le passif de ces dérivés, comme le passif des dérivés du verbe trilitère régulier, n'est en usage que pour quelques participes (n° 106).

Verbes imparfaits (فعل متعلّ).

116. On distingue trois sortes de verbes imparfaits : ce sont les verbes assimilés, les verbes concaves et les verbes défectueux.

Verbes assimilés (مثال).

117. On appelle ainsi ceux dont la première lettre radicale est un و ou un ى.

118. Les verbes dont la première radicale est un و, le perdent ordinairement à l'aoriste et à l'impératif.

EXEMPLE :

وَصَلَ *ouassal* (parvenir), — aor. يَصِلُ *yessel*, — impér. صِلْ *ssel.*

Dans le langage vulgaire on dit indifféremment à l'aoriste يصل *yessel* et يوصل *youssel*, ou plus souvent encore يصل *yessàl* et يوصل *youssàl*, en sorte qu'on conjugue quelquefois ces verbes comme s'ils étaient réguliers.

119. Il est néanmoins certains verbes dans la prononciation desquels on ne fait jamais sentir le و à l'aoriste, comme وسع *ouaça* (contenir), aoriste يسع *yeçà*; ودع *ouada* (laisser), aoriste يدع *yedà*, impératif دع *dà*.

120. Les verbes qui ont un ى pour première radicale ne diffèrent, dans leur conjugaison, du verbe régulier, que par le changement du ى radical en و

lorsqu'il est quiescent après un *dhamma* (n° 59). Il n'est presque point de mot usité dans le style familier auquel ce cas soit applicable.

121. Les formes dérivées des verbes assimilés n'ont aucune irrégularité, excepté la huitième, qui est :

إِتَّصَلَ *ettassal*, pour إِوْتَصَلَ *ewtassal*, de وَصَلَ *ouassal*.

إِتَّسَرَ *ettâçâr*, pour إِيْتَسَرَ *eytâçâr*, de يَسَرَ *yâçâr*.

Verbes Concaves (اجوف).

122. On appelle ainsi ceux dont la seconde radicale est un و ou un ى. Ce و ou ce ى se change en ا à la troisième personne du prétérit, disparaît dans plusieurs cas, et reparaît ordinairement à l'aoriste, sous sa forme naturelle.

Conjugaison du verbe كان **kan** *(être), concave par un* و.

PRÉTÉRIT.

SINGULIER.

Person.	Masculin.	Commun.	Féminin.
3e	كان *kan*.	«	كانت *kanèt*.
2e	كنت *kount*.	«	كنتى *kounti*.
1re	«	كنت *kount*.	«

PLURIEL.

Person.	Masculin.	Commun.	Féminin.
3e	«	كانوا *kanou.*	«
2e	«	(1) كنتوا *kountou.*	«
1re	«	كنّا *kounna.*	«

AORISTE.

SINGULIER.

3e	يكون *ykoun.*	«	تكون *tekoun.*
2e	تكون *tekoun.*	«	تكوني *tekouni.*
1re	«	اكون *akoun.*	«

PLURIEL.

3e	«	يكونوا *ykounou.*	«
2e	«	تكونوا *tekounou.*	«
1re	«	نكون *nekoun.*	«

IMPÉRATIF.

SINGULIER.

2e	كن *koun.*	«	كوني *kouni.*

PLURIEL.

2e	«	كونوا *kounou.*	«

PARTICIPE.

SINGULIER.

كاين *kaïn.*	«	كاينة *kaïné.*

PLURIEL.

كاينين *kaïnin.*	«	كاينات *kaïnat.*

INFINITIF.

كون *kaun.*

(1) Plus régulièrement كنتم *kountoum.*

Conjugaison du verbe باع **ba'** *(vendre), concave par un* ى.

PRÉTÉRIT.

SINGULIER.

Person.	Masculin.	Commun.	Féminin.
3e	باع *ba'.*	«	باعت *ba'èt.*
2e	بعْت *be't.*	«	بعْتى *be'ti.*
1re	«	بعْت *be't.*	«

PLURIEL.

Person.	Masculin.	Commun.	Féminin.
3e	«	باعوا *ba'ou.*	«
2e	«	بعْتوا (1) *be'tou.*	«
1re	«	بعْنا *be'na.*	«

AORISTE.

SINGULIER.

Person.	Masculin.	Commun.	Féminin.
3e	يبيع *ybi'.*	«	تبيع *tebi'.*
2e	تبيع *tebi'.*	«	تبيعى *tebi'i.*
1re	«	ابيع *abi'.*	«

PLURIEL.

Person.	Masculin.	Commun.	Féminin.
3e	«	يبيعوا *ybi'ou.*	«
2e	«	تبيعوا *tebi'ou.*	«
1re	«	نبيع *nebi'.*	«

(1) Plus régulièrement بعتم *be'toum.*

IMPÉRATIF.

SINGULIER.

Person.	Masculin.	Commun.	Féminin.
2e	بع *bi'*.	«	بيعى *bi'i*.

PLURIEL.

2e	«	بيعوا *bi'ou*.	«

PARTICIPE.

SINGULIER.

بايع *bayè'*.	«	بايعة *baye'a*.

PLURIEL.

بايعين *baye'ïn*.	«	بايعات *baye'at*.

INFINITIF.

بيع *bei'*.

123. Prétérit. Au prétérit, lorsque la lettre faible disparaît, on la remplace par la voyelle homogène donnée à la première radicale. Ex. : كُنْت *kount* pour كُونْت. Si cependant le verbe était primitivement de la quatrième classe (فعِل يفعَل), la première radicale prendrait un *kesra*. Ainsi l'on dit : خِفْت *kheft* pour خَوِفت.

Il se trouve dans l'usage vulgaire quelques verbes concaves qui ne changent pas au prétérit leur deuxième radicale en ا ; tels sont : صَوَّر *ssaouar* (assourdir),

خَوِت *khaouet* (perdre la cervelle). Ils se conjuguent comme s'ils étaient réguliers.

124. Il y a une observation particulière à faire sur le verbe كان *kan* (être) ; c'est que son prétérit doit le plus souvent se traduire par l'imparfait. Ainsi l'on dit : كان فى قديم الزمان *kan fi kadim ezzèman* (il y avait autrefois). En outre l'aoriste de ce verbe n'a jamais le sens du présent indicatif.

125. Aoriste. Outre les verbes concaves, dans lesquels le و et le ى se représentent à l'aoriste, il en est quelques-uns qui conservent à l'aoriste l'*èlif* qu'ils ont au prétérit. La raison en est que ces verbes appartiennent originairement à la quatrième classe (فعِل يفعَل). Tels sont les verbes خاف *khaf* (pour خَوِف), aoriste يخاف *yekhaf* (craindre) ; هاب *hab* (pour هَيِب), aoriste يهاب *yehab* (respecter), etc.

126. Les verbes concaves suivent, à l'aoriste, la règle de prononciation donnée pour les verbes sourds (n° 111), c'est-à-dire que l'on ne doit point prononcer *b'tekoun* بتكون (tu seras), mais bien *betkoun*, etc.

127. Lorsque l'aoriste du verbe concave est pré-

cédé de la particule négative لم *làm,* la lettre quiescente se retranche, et l'on doit écrire لم يكن *làm ykoun,* لم يبع *làm ybi'*. L'aoriste, dans ce cas, a le plus souvent la signification du prétérit, quelquefois celle du présent, et jamais celle du futur.

128. Passif. Le passif est le même pour les verbes concaves par و et par ى. Ainsi le verbe قال *kâl* (dire), concave par و, fait au prétérit passif قيل *kil* (il a été dit) ; le verbe باع (vendre), concave par un ى, fait de même بيع *bi'* (il a été vendu). L'aoriste est يُقال *youkâl* et يُباع *youba'*. Le participe est ordinairement comme مقول *màkoul* (pour مَقوول), et مَبيع *mèbi'* (pour مَبيوع).

129. Formes dérivées du verbe concave.

Les 2e, 3e, 5e, 6e et 9e formes des dérivés du verbe concave sont régulières. On y fait reparaître le و ou le ى radical. Ainsi la 2e forme de قال *kâl* est قوّل *kawwel,* la 2e de باع *ba'* est بيّع *bèyyà*.

Les 4e, 7e, 8e et 10e formes sont irrégulières ; on n'y observe aucune différence entre les verbes concaves par و ou par ى.

Formes.	PRÉTÉRIT.	AORISTE.	IMPÉRATIF.	PARTICIPE.
4e	أَقَال *akâl.*	يُقِيل *youkil.*	أَقِل *akil.*	مُقِيل *moukil.*
7e	إِنْقَال *enkâl.*	يَنْقَال *yenkâl.*	إِنْقَل *enkàl.*	مُنْقَال *munkâl.*
8e	إِقْتَال *ektâl.*	يَقْتَال *yektâl.*	إِقْتَل *ektàl.*	مُقْتَال *muktâl.*
10e	إِستقال *estekâl.*	يستقيل *yestekil.*	استقِل *estekil.*	مُستقيل *mustekil.*

Cependant, à la 4e forme, il n'est pas toujours nécessaire de changer la lettre faible en ا. Ainsi l'on dit : أَحْوَج *ahhouadj* (obliger), 4e forme de حاج, concave par و.

130. L'*èlif* caractéristique de la 4e forme se supprime souvent dans la prononciation, pour les verbes concaves, en sorte que la 4e forme ne se distingue de la première qu'à l'aoriste (encore faut-il que le verbe soit concave par و, ou bien de la 4e classe) ; ainsi on prononce communément دار *dar*, aor. يدير *ydir* (tourner, act.), au lieu de أدار *adar*, aor. يُدير *youdir*, 4e forme de دار *dar*, aor. يَدور *ydour* (tourner, neut.).

Verbes défectueux (ناقص).

131. On donne ce nom aux verbes dont la dernière radicale est un و ou un ى.

132. Prétérit. Si la dernière radicale est un و, il se change en *èlif* à la 3e personne du singulier masculin, comme dans le verbe غزا *ghaza*, pour غَزَوَ (faire une incursion) ; si c'est un ى, il ne se change en *èlif* que quand le verbe est suivi d'un pronom affixe qui lui sert de régime, comme رماه *ramah* (il l'a jeté), de رَمَى *rama* (1). Dans l'un et l'autre cas, la dernière radicale disparaît à la troisième personne du pluriel, et à la troisième personne du singulier féminin, comme on le voit dans le tableau suivant, qui comprend les prétérits de deux verbes défectueux, l'un par و et l'autre par ى.

SINGULIER.

Pers.	Masculin.	Commun.	Féminin.	Pers.	Masculin.	Commun.	Féminin.
3e	غزا *ghaza.*	«	غَزَتْ *ghazèt.*	3e	رَمَى *rama.*	«	رَمَتْ *ramèt.*
2e	غَزَوْتَ *ghazaut.*	«	غَزَوْتِى *ghazauti.*	2e	رَمَيْتَ *ramait.*	«	رَمَيْتِى *ramaiti.*
1re	«	غَزَوْتُ *ghazaut.*	«	1re	«	رَمَيْتُ *ramait.*	«

(1) Ce changement du ى en ا, quand le verbe est suivi d'un pronom

PLURIEL.

Pers.	Masculin.	Commun.	Féminin.	Pers.	Masculin.	Commun.	Féminin.
3e	«	غَزَوْا *ghazaou.*	«	3e	«	رَمَوْا *ramaou.*	«
2e	«	غَزَوْتُوا *ghazautou.*	«	2e	«	رَمَيْتُوا *ramaitou.*	«
1re	«	غَزَوْنا *ghazauna.*		1re	«	رَمَيْنَا *ramaina.*	«

133. Les verbes défectueux appartenant à la quatrième classe (فعِل يفعَل) diffèrent des précédents, dans la conjugaison de leur prétérit, en ce que la troisième radicale ne disparaît point à la troisième personne du singulier féminin. Ainsi, le verbe رضى (être content), qu'on prononce *redhi,* fait à la troisième personne du singulier féminin رَضِيَت *redhièt.* A la troisième personne du pluriel on dit رضوا *redhou,* au lieu de رضيوا.

134. Aoriste. A l'aoriste le و ou le ى radical paraît et détermine la voyelle de la deuxième lettre radicale.

EXEMPLES :

غزا *ghaza,* aor. يَغْزُو *yaghzou.*

رَمى *rama,* aor. يَرْمِي *yermi.*

affixe, n'est pas d'une nécessité absolue : on peut, et très-correctement, écrire رَميه *ramah.*

A la seconde et à la troisième personne du pluriel, la troisième radicale disparaît. Ainsi l'on dit تَغْزُوا *taghzou* et يَغْزُوا *yaghzou*, au lieu de تَغْزُوُوا et يَغْزُوُوا. De même on dit تَرْمُوا *termou* et يَرْمُوا *yermou*, au lieu de تَرْمِيُوا et يَرْمِيُوا. Cependant les Barbaresques laissent, le plus souvent, subsister cette troisième radicale, et disent : ترميوا *termiou* (vous jetez), يرميوا *yermiou* (ils jettent).

135. Les verbes défectueux dont la troisième radicale est un ى prennent quelquefois un *fethha* sur la deuxième, à l'aoriste. Ce cas s'applique aux verbes de la quatrième classe, comme رَضِى *redhi*, aor. يَرْضَى *yerda* (être content), نَسِى *neci*, aor. يَنْسَى *yença* (oublier), ainsi qu'aux verbes dont la seconde radicale est gutturale, comme رَعَى *raà*, aor. يَرْعَى *yer-à* (paître, ou faire paître).

136. Quand l'aoriste est précédé de la particule négative لَمْ, on retranche le و ou le ى final. Ainsi l'on doit écrire لَمْ يَرْضَ *làm yerdha* (il ne fut pas content); لَمْ يَرْمِ *làm yermi* (il ne jeta point).

137. Impératif. A l'impératif la dernière radicale doit disparaître, mais on la fait toujours sentir dans

la prononciation pour le singulier. Ex. : ارم *ermi* (jette) ; pluriel ارموا *ermou* (jetez).

138. Participes. Le participe actif a la même forme pour les verbes dont la dernière radicale est un و ou un ى. Ainsi l'on dit غازى *ghazi* et رامى *rami*.

Le participe passif est de la forme مغزوّ *maghzouw* et مرمىّ *mermiy*.

139. On fait peu usage, dans la langue vulgaire, des verbes dont la dernière radicale est un و, ou du moins on change le plus souvent ce و en ى.

140. Formes dérivées. Les verbes défectueux par و ou par ى ont tous indistinctement un ى pour lettre finale dans leurs formes dérivées. Ainsi l'on écrit ارتمى *ertama* (se jeter), 8e forme de رمى, et ارتخى *ertakha* (se relâcher), 8e forme de رخو.

141. Le participe féminin passif de la 2e forme présente, dans l'usage vulgaire, une petite irrégularité. Au lieu de la terminaison اة, qu'il devrait avoir régulièrement, on lui donne souvent la terminaison اية : ainsi, au lieu de dire مخلاة *m'khallat* (laissée), on dit communément مخلاية *m'khallayé*.

Verbes hamzés (مهموز).

142. Les verbes hamzés sont ceux qui ont parmi leurs lettres radicales un *èlif* surmonté d'un *hamzè*.

143. Si le أ est première radicale, le verbe se conjugue comme أَخَذ *àkhàd* (prendre).

	PRÉTÉRIT.	AORISTE.	IMPÉRATIF.	PARTICIPE.
ACTIF.	أَخَذ *àkhàd.*	يَأْخُذ *ya'khod.*	خُذ *khod.*	آخِذ *akhid.*
PASSIF.	أُخِذ *oukhid.*	يُؤْخَذ *you'khàd.*	«	مَأْخُوذ *ma'khoud.*

144. Remarque. L'impératif de ce verbe est irrégulier, ainsi que celui des verbes أكل *èkèl* (manger), et أمر *àmàr* (ordonner), qui font كُل *kol* (mange), et مُر *mour* (ordonne). Régulièrement ces verbes devraient faire à l'impératif أُوْخُذ, أُوْكُل et أُوْمُر. Les trois impératifs irréguliers *khod, kol* et *mour* sont les seuls en usage (1) parmi les verbes d'ailleurs rares dans le langage vulgaire, qui ont un *hamzè* pour première radicale.

145. En Barbarie l'on conjugue quelquefois les

(1) Encore dans le dernier l'est-il très-peu.

verbes اخذ et اكل au prétérit, comme s'ils étaient des verbes défectueux, خذى et كلى. Ex. : خذينا مالطه *khadina maltha* (nous avons pris Malte), au lieu de اخذنا *akhadna*; كليت *kelit* (j'ai mangé), au lieu de اكلت *akalt*.

146. Formes des dérivés d'un verbe qui a un أ pour première radicale.

VOIX ACTIVE.

Formes.	PRÉTÉRIT.	AORISTE.	IMPÉRATIF.	PARTICIPE.
2e	أخّذ *àkhkhad.*	يوخّذ *youàkhkhid.*	أخّذ *àkhkhid.*	موخّذ *mouàkhkhid.*
3e	آخذ (1) *âkhàd.*	يُواخِذ *youâkhid.*	آخِذ *âkhid.*	مُواخِذ *mouâkhid.*
4e	آخَذ *âkhàd.*	يُوخِذ *you'khid.*	آخِذ *âkhid.*	مُوخِذ *mou'khid.*
5e	تأخّذ *teàkhkhàd.*	يتأخّذ *yteàkhkhàd.*	تأخّذ *teàkhkhàd.*	متأخّذ *muteàkhkhid.*
6e	تـآخَذ (2) *teâkhàd.*	يتـآخذ *yteâkhàd.*	تـآخَذ *teâkhàd.*	مُتَـآخِذ *muteâkhid.*
7e	إنأخَذ *en-àkhàd.*	يِنأخِذ *yen-àkhid.*	إنأخِذ *en-àkhid.*	مُنأخِذ *mun-àkhid.*

(1) Ou, plus vulgairement, وَاخَذ *wâkhàd*, aor. يُوَاخِذ *ywâkhid*, impér. وَاخِذ *wâkhid*.

(2) Ou تْوَاخَذ *t'wâkhad*. Cette forme est même plus usitée que تَآخَذ.

Formes.	PRÉTÉRIT.	AORISTE.	IMPÉRATIF.	PARTICIPE.
8e	اِتَّخَذَ	يَتَّخِذُ	اِتَّخِذْ	مُتَّخِذٌ
	ettakhad.	*yettakhid.*	*ettakhid.*	*muttakhid.*
10e	اِسْتَأْخَذَ	يَسْتَأْخِذُ	اِسْتَأْخِذْ	مُسْتَأْخِذٌ
	esta'khad.	*yesta'khid.*	*esta'khid.*	*musta'khid.*

147. Si le *hamzè* est deuxième radicale, le verbe se conjugue à peu près comme les verbes réguliers. Quelques changements légers sont occasionnés par les règles de permutation. Ainsi, soit le verbe سَأَلَ *saàl* (demander) :

	PRÉTÉRIT.	AORISTE.	IMPÉRATIF.	PARTICIPE.
ACTIF.	سَأَلَ	يَسْأَلُ	سَلْ (1)	سَائِلٌ
	saàl	*yes-àl.*	*sèl.*	*saïl.*
PASSIF.	سُئِلَ	يُسْأَلُ	«	مَسْؤُولٌ
	sou-ïl.	*yous-al.*		*mes-oul.*

Les dérivés sont peu usités, ou plutôt ne le sont point, excepté cependant la troisième forme du verbe سأل. On dit au prétérit سايَل *sayèl,* à l'aoriste يُسايل *ysa-yel,* à l'impératif سايل *sayel,* comme si c'était un verbe concave par ی, et l'on donne à cette forme le même sens qu'à la première.

(1) Ou, plus vulgairement, اِسْأَلْ *es-àl.*

148. Enfin, si le *hamzè* est troisième radicale, le verbe se conjugue régulièrement, en observant la règle de permutation des lettres ا, و, ى. Ainsi, le verbe برأ *barà* (créer) fait :

PRÉTÉRIT.	AORISTE.	IMPÉRATIF.	PARTICIPE.
بَرَأَ	يَبْرُؤُ	ابْرُؤْ	بارى
bàrà'.	*yebrou'.*	*ebrou'.*	*bari'.*

149. Ces verbes, d'ailleurs fort peu usités, se confondent dans le langage vulgaire avec les verbes défectueux (n° 131 et suiv.). Ainsi, le verbe بدأ (commencer) se conjugue comme s'il était défectueux de la quatrième classe. On dit généralement بدِى *bedi,* aoriste يبدَى *yebda,* comme نسِى *neci,* aoriste ينسَى *yença* (oublier).

150. Il est encore quelques autres verbes irréguliers qui ne peuvent se ranger parmi ceux qui viennent d'être indiqués ; l'usage les apprendra. Je citerai seulement quelques-uns de ceux qui se rencontrent le plus souvent.

	PRÉTÉRIT.	AORISTE.	IMPÉRATIF.	PARTICIPE.	INFINITIF.
Venir.	جاء (1)	يجى	تعال - اجى	جايى	مجى
	dja'.	yedji.	edji, taal.	djayé.	mèdjiy.
Voir.	رأى	يرى	«	«	روية
	raà.	yerà.			rouyé.
Montrer.	روّى (2)	يروّى	روّ	مروّى	تروية
	rawwa.	yrawwi.		rawwi.	m'rawwi.	terwiè.
	أروى (3)	يُروى	أرو	مُروى	«
	eroua.	yroui.	eroui.	muroui.	

Verbes quadrilitères.

151. Dans les verbes quadrilitères, c'est-à-dire ceux dont la racine ou troisième personne du singulier masculin du prétérit actif est composée de quatre lettres, la deuxième radicale est toujours marquée d'un *djèzm*, et la troisième a toujours pour voyelle un *kesra* à l'aoriste de la première forme. Ainsi l'on dit :

PRÉTÉRIT.	AORISTE.	IMPÉRATIF.	PARTICIPE.
دحرج	يدحرج	دحرج	مدحرج
dahhràdj.	ydahhredj.	dahhredj.	m'dahhredj.

(1) Ou, plus vulgairement, اجا èdja.

(2) C'est une 2e forme irrégulière du verbe رأى. On dit aussi ورّى *ouarra* en transposant les deux premières lettres.

(3) C'est une 4e forme irrégulière du verbe رأى. On dit aussi اورى.

152. La deuxième forme de ces verbes est :

PRÉTÉRIT.	AORISTE.	IMPÉRATIF.	PARTICIPE.
تَدَحْرَجَ	يَتَدَحْرَجُ	تَدَحْرَجْ	مُتَدَحْرِجٌ
tedahhradj.	*yet'dahhradj.*	*tedahhradj.*	*mout'dahhredj.*

153. On ne fait usage, pour les verbes quadrilitères, que de ces deux formes, dont la première peut se comparer à la deuxième des verbes trilitères, et la deuxième à la cinquième des mêmes verbes.

Observation sur l'aoriste des Verbes en général.

154. J'ai fait remarquer que le ب et le م qu'en Syrie et en Égypte l'on place souvent, dans le langage familier, avant les créments de l'aoriste, ne sont pas toujours privés de voyelle, comme dans بتكتب *b'tektob* et منكتب *m'nektob,* mais qu'on leur donne quelquefois un *e* muet pour les réunir en une seule syllabe avec la lettre suivante, comme dans بتلمّ *betloumm* (tu recueilles), منلمّ *men-loumm* (nous recueillons). Voici quelles sont les formes des verbes réguliers, trilitères et quadrilitères, qui admettent l'*e* muet entre ce ب ou ce م et la lettre suivante, à l'aoriste :

1re forme, les verbes :

Sourds. Ex.: بتمُدّ *bet-moudd* (tu étends).
Concaves. Ex.: بتدور *bet-dour* (tu tournes).
Quadrilitères. Ex.: بتدحرج *bet-dahhredj* (tu roules).

2e et 3e formes, tous les verbes, sans exception.
4e forme, les verbes :

Sourds. Ex.: بتقِرّ *bet-kerr* (tu avoues).
Concaves. Ex.: بتدير *bet-dir* (tu fais tourner).

DES NOMS.

155. Les noms peuvent être de plusieurs formes qui ne sont soumises à aucune règle.

156. Les noms abstraits dérivés des verbes, et qui en sont les infinitifs, peuvent être réduits à un certain nombre de formes. Parmi celles qui dérivent de la racine même du verbe, voici quelques-unes des plus usitées :

1re forme :	كَتْب *kàtb.*	كِتَاب *kitab.*	كَتْبَة *kètbè.*	كِتَابَة *kitabè.*
	كَتْبَان *kètban.*	مَكْتَب *mèktèb.*	كَتِيب *kètib.*	كُتُوب *koutoub.*

157. Chaque verbe trilitère primitif n'a ordinairement qu'un ou deux de ces infinitifs, autrement appelés noms d'actions. Les dictionnaires et l'usage seuls peuvent apprendre d'une manière certaine quelle est la forme d'infinitif qui convient à chacun de ces verbes. Aussi les infinitifs des verbes trilitères primitifs sont-ils nommés مصادر سماعيّة *massâdir semaèyyè,* ou مصادر محفوظة *massâdir mahhfoudha* (infinitifs qu'on doit apprendre par l'audition, qu'on doit retenir par cœur), parce qu'ils ne sont pas assujettis à des règles certaines et constantes.

158. Au contraire, les infinitifs des formes dérivées du verbe primitif trilitère sont soumis à des règles fixes, et nommés pour cette raison مصادر قياسيّة *massâdir kiaciyyè* (infinitifs formés d'après une règle). Voici quels sont ces infinitifs :

Formes.			Formes.		
2e	تَكْتيب	*tèktib.*	6e	تَكَاتُب	*tekatoub.*
«	تَكْتِبَة	*tèktèbé.*	7e	اِنْكِتاب	*inkitab.*
«	تَكْتاب	*tèktab.*	8e	اِكْتِتاب	*ektitab.*
3e	مُكَاتَبَة	*mukatebé.*	9e	اِكْتِباب	*ektibab.*
4e	اِكْتاب	*ektab.*	10e	اِسْتِكْتاب	*istektab.*
5e	تَكَتُّب	*tekàttoub.*			

159. Les infinitifs des verbes irréguliers sont faciles à former, en observant pour les verbes imparfaits la règle de permutation (n° 59). Il faut cependant remarquer qu'à la cinquième et à la sixième forme, le ى final qui devrait être précédé d'un *dhamma*, convertit ce *dhamma* en *kesra*. Ainsi le verbe تمطّى *temattha* (s'étendre, cinquième forme de مطا), au lieu de faire à l'infinitif تَمَطُّى, suivant le paradigme تَكَتُّب, fait تَمَطِّى *tematthi*; de même le verbe توانى *tewâna* (agir avec lenteur, sixième forme de ونى), au lieu de faire à l'infinitif تَوانُى, comme تكاتُب fait توانِى *tewâni*.

160. Les infinitifs des verbes quadrilitères sont :

1re forme, دحراج *dehhradj* et دَحْرَجَة *dahhràdjè*.

2e — تَدَحْرُج *tedahhroudj*.

Nom d'unité.

161. Parmi les noms qui ne finissent point par un ة, il en est un grand nombre à la forme ordinaire desquels on peut ajouter cette lettre, qui alors indique l'unité. Ce sont en général des noms d'espèce ou des noms collectifs. Ainsi, de تمر *tamr* (datte), on fait

تمرة *tamra* (une datte) ; de حجر *hhàdjàr* (pierre), on fait حجرة *hhàdjàra* (une pierre).

Nom de métier.

162. Les noms qui indiquent une profession sont en général de la forme كتّاب. Ex. : خبّاز *khabbaz* (boulanger), de خبز *khabaz* (faire du pain); فلّاح *fellah* (laboureur), de فلح *falahh* (labourer).

163. Quelques noms de métier sont formés en ajoutant un يّ au pluriel d'un substantif, comme سكاكيني *sekakini* (coutelier), de سكين *sikkin* (couteau); بوابيجي *beouabidji* (cordonnier), de بابوج *baboudj* (soulier, pantoufle); زنانيري *zenaniri* (ceinturier), de زنّار *zounnar* (ceinture). Ces mots sont alors de véritables adjectifs relatifs. (Voyez n° 201.)

Nom diminutif.

164. Un assez grand nombre de noms sont susceptibles de prendre une forme diminutive, c'est-à-dire qui ajoute l'idée de petitesse à leur signification primitive. Ex. : كليب *kolaib* (petit chien), diminutif de كلب *kèlb* (chien) ; قليعة *koleia* (petite forteresse),

diminutif de قَلْعَة *kalà* (forteresse) ; شُوَيَّة *choueyyè* (une petite chose, un peu), diminutif de شي *chay* (chose), etc.

Genre des Noms.

165. Les noms peuvent être masculins ou féminins.

166. Les noms féminins, en général, sont : 1° ceux dont le genre est déterminé par leur signification ; 2° les noms qui finissent par un ة ; 3° les noms de villes et de pays ; 4° les noms des parties du corps qui sont doubles, comme يد *yed* (main), عين *aên* (œil) ; 5° ceux qui se terminent par آء, comme كبرياء *kebria* (orgueil), et quelques autres que l'usage apprendra.

167. Les noms féminins qui devraient avoir la terminaison اة, la changent communément, dans le style familier, en اية. Ainsi, au lieu de حماة *hhamat* (belle-mère), عصاة *assat* (bâton), مخلاة *mekhlat* (besace), on dit حماية *hhamayé*, عصاية *assayé*, مخلاية *mekhlayé*.

168. Lorsque ces noms sont suivis d'un pronom affixe, on leur rend souvent leur forme primitive.

Ex. : حماتَه *hhamato* (sa belle-mère). On doit observer que le ة qui termine un nom se change en ت lorsque le nom est suivi d'un pronom affixe.

Du nombre des Noms.

169. Les noms arabes ont trois nombres : le singulier, le duel et le pluriel.

170. Le duel se forme en ajoutant au singulier les syllabes انِ pour le nominatif, et يْنِ pour les autres cas. Dans l'usage vulgaire on n'emploie que la syllabe يْن qu'on prononce *ên* ou *ain*. Ex. : يد *yed* (main), duel يدَيْن *yedain* (deux mains).

171. Lorsque le duel est suivi d'un pronom affixe, et en général d'un complément, on doit retrancher le ن final. Ex.: يدَيْك *yedaik* (tes deux mains), يدَيَّ *yedèyyè* (mes deux mains).

172. Pluriel. Il y a deux sortes de pluriel : l'un est appelé par les Arabes pluriel sain (جمع سالم), l'autre pluriel rompu (جمع مكسّر).

173. Le pluriel sain se forme en ajoutant aux noms singuliers masculins la terminaison ون pour le nominatif, et ين pour les autres cas. Dans le langage usuel on ne se sert que de la terminaison ين

in. Ex. : نجّار *neddjar* (menuisier), plur. نجّارين *neddjarin*.

Très-peu de noms masculins admettent le pluriel sain. Ce pluriel ne convient presque qu'aux noms de métier, tels que خيّاط *khayyâth* (tailleur), سرّاج *serradj* (sellier), etc. Encore faut-il observer que les noms de métier sont rangés par les Arabes dans la classe des adjectifs verbaux (اسم فاعل).

174. Le ن qui termine les pluriels sains devrait disparaître, comme celui du duel, lorsque ces pluriels ont un complément; néanmoins on le laisse subsister dans le langage familier.

175. Les noms féminins terminés par ة forment leur pluriel sain en changeant le ة en ات. Ex. : كلبة *kèlbè* (chienne), plur. كلبات *kèlbat*.

Les noms propres de femmes, ainsi que les noms d'action formés des verbes dérivés (n° 158), prennent au pluriel la finale ات, lors même qu'ils ne se terminent pas par un ة au singulier.

EXEMPLES :

مريم *mèryèm* (Marie); pl. مريمات *mèryèmat*.
تقلّب *tekalloub* (révolution); — تقلّبات *tekalloubat*.

176. Le pluriel rompu a un grand nombre de formes différentes. L'usage seul peut apprendre à connaître celles qui sont applicables à chaque nom ; mais, comme l'a remarqué avec justesse M. Volney, il arrive que, quand on a saisi le génie de la langue, on devine souvent par analogie quel pluriel doit résulter d'un singulier donné. Voici quelques-unes des formes les plus usitées pour les pluriels rompus :

	SINGULIER.	PLURIEL.
Chien,	كَلْب *kèlb,*	كِلاب *k'lab.*
Cœur,	قَلْب *kalb,*	قُلوب *kouloub.*
Bienfait,	فَضْل *fadhl,*	أَفْضال *afdhal.*
Feu,	نار *nar,*	نيران *niran.*
Pain (plat),	رغيف *reghif,*	أَرْغِفة *erghifé.*
Livre,	كتاب *kitab,*	كُتُب *koutoub.*
Sac de crin,	خَيْشة *khèichè,*	خُيُش *khouyàch.*
Vieille femme,	عَجوز *àdjouz,*	عجايز *àdjaïz.*

177. Les noms de la forme مَطْرَح *màthràhh* (lieu), font tous leur pluriel comme مَطارِح *m'thâ-rehh.*

178. Les noms des formes مِفْتاح *meftahh* (clef),

مَكْتوب *mèktoub* (lettre), قِنْديل *kendil* (lampe), sont également réguliers dans la formation de leurs pluriels, qui sont toujours comme مَفاتيح *mefatihh*, مَكاتيب *mekatib*, قَناديل *kanadil*.

179. Dans la conversation l'on donne souvent des pluriels féminins en ات à des noms masculins qui ont un autre pluriel généralement connu et adopté. Ainsi l'on dit souvent حصانات *hhessanat* au lieu de أحْصِنَة *ahhssené*, pluriel de حِصان *hhessan* (cheval).

180. Les mots tirés du turc et terminés par un ا, tels que باشا *bacha*, اغا *agha*, ont le pluriel comme باشاوات *bachawat*, اغاوات *aghawat*, ou, en retranchant l'*èlif* final, باشَوات et أغَوات (1).

181. Les noms turcs de métier terminés en جى et les autres noms de dignité ou de profession empruntés aux langues turque et persane, prennent au pluriel la terminaison يّة.

EXEMPLES :

طوبجى *thobdji* (canonnier); pl. طوبجيّة *thobdjiyyè*.

(1) On les considère comme s'ils étaient de la forme du mot سَمَا *sema* (ciel), qui fait au pluriel سَمَاوَات *sémawat*, ou سَمَوات.

شاويش *chaouich* (espèce d'huissier) ; pl. شاويشيّة *chaouichiyyè*.
خذمتكار *khizmetkar* (domestique) ; — خذمتكاريّة *khizmetkariyyè*.

182. Voici quelques pluriels irréguliers de mots très-usités :

	SINGULIER.	PLURIEL.
Père,	أَبُو - أَب *àbou, àb*,	آباء *âbâ*.
Mère,	أُمّ *oumm*,	أُمَّهات *oummehat*.
Fils,	إِبْن *ebn*,	(1) ابناء *ebnâ*.
Frère,	أَخُو - أَخ *akhou*,	(2) أَخْوة *ekhouè*.
Sœur,	أُخْت *okht*,	أَخَوات *ekhouat*.

DES ADJECTIFS.

183. Les adjectifs, comme les noms, ont beaucoup de formes différentes dont la plus commune est celle de l'adjectif verbal, ou participe.

Les adjectifs peuvent recevoir une forme diminutive, comme جُمَيِّل *djoumèyyil* (joli), diminutif de

(1) Ou بَنِين *bénin*, et avec un complément, بَنِي *béni*.

(2) Ou إِخْوان *ekhouan*.

جَمِيل *djèmil* (beau); صُغَيِّر *ssoghayyir* (petiot), diminutif de صَغِير *ssághir* (petit); كُوَيِّس *kouèyyis* (joli), diminutif de كَيِّس *kèyyis* (beau).

184. Comparatif et Superlatif. L'adjectif qui exprime un degré de comparaison a toujours la forme de أَكْبَر *àkbàr* (plus grand), c'est-à-dire qu'il se forme de la racine même que l'on fait précéder d'un *èlif*. Le superlatif ne se distingue du comparatif que par l'addition de l'article, comme الأَرْحَم *elarhhàm* (le plus miséricordieux), ou par un rapport d'annexion qui caractérise le sens superlatif. Ex.: أَرْحَم الراحمين *arhhàm errahhemin* (le plus miséricordieux des miséricordieux).

185. Le *que* français qui suit le comparatif se rend en arabe par مِن *min*.

Du Genre dans les Adjectifs.

186. On forme généralement le féminin en ajoutant au masculin un ة qui se prononce *à* ou *è* (nos 31, 32). Ex.: كويّس *kouèyyis* (beau), féminin كويّسة *kouèyyicè* (belle). On doit observer que toutes les fois qu'un adjectif est joint à un nom avec lequel il s'ac-

corde en genre, il doit être placé après. Ex. : بستان كبير *bestan k'bir* (un grand jardin), et non كبير بستان *k'bir bestan*.

187. Les adjectifs de la forme أَحْمَر *ahhmar* (rouge), quand ils n'expriment pas un degré de comparaison, font leur féminin comme حَمْرَآء *hhamrâ*.

188. Il faut excepter de cette règle l'adjectif أَرْمَل *ermèl* (veuf), qui fait au féminin ارملة *ermèlè*.

189. Les comparatifs et les superlatifs, lorsque leur terme de comparaison est exprimé, sont invariables, et ont le masculin et le féminin semblables. Ainsi l'on dira : هذه المصيبة أَعْظَم المصايب *hadi 'l moussibé a'zham el massâyb* (cette infortune est la plus grande des infortunes); هند اكبر فى العمر من زينب *hind àkbàr fil èumr min zeinèb* (Hind est plus âgée que Zeinèb).

190. Lorsque le terme de comparaison n'est point exprimé, les superlatifs doivent former leur féminin comme عُظْمَى *ozhma* et كُبْرَى *koubra*.

Dans le langage vulgaire on n'observe pas toujours cette règle. On dit, à la vérité, المصيبة العظمى *el moussibèt el ozhma* (l'infortune la plus grande);

رومية الكبرى *roumièt el koubra* (Rome la très-grande); mais ces deux exemples sont presque les seuls dans lequels on emploie cette forme féminine des superlatifs. Ainsi l'on dit communément : هند هى الاكبر فى العمر *hind hyè el àkbàr fil èumr* (Hind est la plus âgée); زينب هى الاكوس *zeinèb hyè el àkouès* (Zeinèb est la plus jolie).

Lorsque le terme de comparaison n'est pas exprimé, on peut quelquefois substituer le positif au superlatif. Ainsi ces mots : Hind est la plus âgée, peuvent très-bien se traduire par هند هى الكبيرة فى العمر *hind hyè el k'biré fil èumr*.

191. Les comparatifs n'ont point de féminin, lors même que le terme de comparaison n'est pas exprimé, ou du moins qu'il ne suit pas immédiatement avec la particule من *min* (que). Ex. : هند اشطر والا زينب هند اشطر *hind àchthàr ou illa zeinèb hind àchthàr* (mot à mot : Hind est-elle plus adroite, ou bien Zeinèb? Hind est plus adroite).

Du Nombre dans les Adjectifs.

192. Le duel, qui devrait se former de même que

pour les noms (n° 170), n'est point usité pour les adjectifs dans la conversation familière.

193. Le Pluriel. Les adjectifs peuvent avoir, comme les noms, le pluriel sain (nos 172 et suiv.) et le pluriel rompu (n° 176); le pluriel sain est même presque exclusivement réservé pour les adjectifs.

194. L'adjectif verbal ou participe de la première forme admet l'un et l'autre pluriels. Ainsi كاتب *katib* a le pluriel sain كاتبين *katibin,* et le pluriel rompu كَتَبَة *kètèbè* ou كُتَّاب *kuttab*. Mais il est à remarquer que le pluriel rompu change souvent la signification du participe, et lui donne le sens d'un nom de profession. Ainsi كاتب, plur. كاتبين, veut dire *qui écrit* ou *qui a écrit,* tandis que كاتب, plur. كَتَبَة ou كُتَّاب, signifie *écrivain*.

195. Les participes des différentes formes dérivées du verbe primitif n'admettent que le pluriel sain. Ainsi مُكَتِّب *m'kàttib* fait au pluriel مُكَتِّبين *m'kattibin;* مُسْلِم *mouslim* (musulman, part. 4e forme) fait au pluriel مُسْلِمين *mouslimin*.

196. Les adjectifs qui n'expriment point un degré de comparaison et sont de la forme أَحْمَر *ahmàr*

(rouge), أصفر *assfàr* (jaune), أبيض *abyàdh* (blanc), font leur pluriel comme حمر *hhoumr*, صفر *ssoufr*, بيض *bidh* (1). Cette forme de pluriel s'emploie pour les deux genres.

Pour les adjectifs أعمى *a'ma* (aveugle), أعور *a'wàr* (borgne), أحول *ahhwèl* (louche), le pluriel le plus usité est عميان *omyan*, عوران *aouran*, حولان *hhoulan*.

197. أرمل *èrmèl* (veuf), et أرملة *èrmèlè* (veuve), font au pluriel أرامل *aramel*.

198. Si les adjectifs de cette forme expriment le superlatif et sont les antécédents d'un rapport d'annexion dont le complément est déterminé, ils ne prennent ordinairement pas de pluriel, et restent au singulier masculin, quel que soit le genre du sujet. Ex. : هم افضل الناس *hom afdhal ennas* (ils sont les plus excellents des hommes); هن اجمل النسا *honnè adjmal enniça* (elles sont les plus belles des femmes).

Ils peuvent cependant quelquefois prendre un plu-

(1) بيض est pour بُيْض ; le *yé* a converti le *dhamma* en *kesra*, au lieu de se changer lui-même en و, suivant la règle ordinaire de permutation. (Voy. la *Grammaire* de M. de Sacy, t. I, p. 112, 2e édit.)

riel rompu. Ex. : هو من اكابر التّجّار *houè min akabir ettouddjar* (il est d'entre les plus grands des négociants).

199. Si les superlatifs sont employés d'une manière absolue, ils prennent un pluriel sain ou un pluriel rompu. Ex. : هم الافضلين *hom el afdhalin,* ou bien هم الأَفاضِل *hom el afâdhel* (ils sont les plus excellents).

Au féminin on devrait dire هنّ الفُضْلَيات *honné el foudhlayat* (elles sont les plus excellentes); mais cette forme de pluriel féminin n'est nullement usitée dans le langage vulgaire. On prend quelque tournure qui dispense de l'employer. Par exemple, on change le superlatif en comparatif, et l'on dit : هُنّ افضل *honné afdhal* (elles sont plus excellentes), sous-entendu من غيرهُنّ *min ghaïr honné* (que les autres).

200. Quant au comparatif, il n'a point de pluriel, lors même que le terme de comparaison n'est pas exprimé, c'est-à-dire lorsque la préposition من et son régime sont supprimés. Ex. : العُقلا اكثر والّا المجانين المجانين اكثر *el òkala aktàr ou illa el medjanin el medjanin aktàr* (mot à mot : les sages sont-

ils plus nombreux, ou bien les fous? Les fous sont plus nombreux).

201. Les adjectifs relatifs terminés en يّ forment souvent leur pluriel en prenant la terminaison féminine. Ex. : فرنساوِيّ *fransaoui* (Français), plur. فرانساوِيَّة *fransaouiyyé*; حرامِيّ *hharami* (coquin), plur. حرامِيَّة *hharamiyyé*. Quelquefois, outre l'addition de la finale ة, il s'opère un changement dans le corps du mot. Ex. : مَغْرِبِيّ *maghrebi* (Barbaresque), plur. مَغارِبَة *m'gharebé*.

Cette sorte de pluriel terminé en ة peut aussi s'employer dans certains noms de métier de la forme كتّاب. Ex. : زرّاع *zerra'* (cultivateur), plur. زرّاعة *zerrâa* ou زرّاعين *zerraïn*; حمّار *hhammâr* (ânier), plur. حمّارة *hhammâra* ou حمّارين *hhammârin*.

202. Voici quelques-unes des formes de pluriel les plus usitées dans les adjectifs :

	SINGULIER.	PLURIEL.
Pauvre,	فَقير *fakir*,	فُقَرَآ *foukarâ*.
Noble,	شَريف *chérif*,	أَشْراف *achrâf*.
Grand,	كَبير *k'bir*,	كِبار *k'bâr*.
Tranchant,	قاطِع *kâthé'*,	قَواطِع *kaouâthè'*.
Ivre,	سَكْران *sekran*,	سَكارَى *sekâra*.

DE L'ARTICLE.

203. L'article ال doit se prononcer *èl* ou *al*; cependant, comme on fait très-peu sentir l'*èlif* dans le langage rapide de la conversation, il semble souvent qu'on ne prononce que le *lam*. Cet article est des deux genres et des deux nombres, et signifie *le, la, les*.

204. En arabe, l'article ne s'emploie pas toujours comme en français; on le supprime lorsque le substantif est suffisamment déterminé par son complément; comme lorsqu'on dit : Le livre de Pierre, كتاب بطرس *kitab bothros*.

205. Si l'on voulait dans ce cas exprimer l'article, il faudrait dire : الكتاب متاع بطرس *el kitab m'ta' bothros*. C'est une locution basse.

206. Lorsqu'un substantif est joint en français avec un adjectif précédé de l'article, comme dans cet exemple : Le grand vaisseau, l'on doit, en arabe, redoubler l'article et dire المركب الكبير *el mèrkèb el*

k'bir. Cependant, chez les Arabes d'Orient, il arrive souvent, dans le style familier, qu'on donne l'article seulement à l'adjectif, comme en français ; on dit alors مركب الكبير *mèrkèb el k'bir*.

DE LA DÉCLINAISON.

207. Dans le langage ordinaire on ne fait point usage des cas ou inflexions finales, qui sont dans l'arabe littéral, ـٌ *oun* (nominatif), ـٍ *in* (génitif, datif et ablatif), ـً *an* (accusatif), et simplement ـُ *ou*, ـِ *i*, ـَ *a*, si le mot est précédé de l'article ou suivi d'un complément. En général, les rapports des mots entre eux ne sont indiqués que par leur position respective ou par une préposition.

208. Le génitif est quelquefois exprimé, en Syrie et en Égypte, par une forme particulière du mot auquel il sert de complément. Ceci s'applique aux termes empruntés à la langue turque, tels que باشا *bacha*, اغا *agha*, كخيا *kiàkhya*, et quelquefois aussi à des mots arabes, tels que دنيا *dounia* (monde),

كرا *kira* (loyer). Lorsque ces mots sont suivis d'un complément, on change souvent leur *èlif* final en ة. Ainsi l'on dit vulgairement كخية باشة حلب (1) *kiàkhièt bachèt hhàlàb* (l'intendant du pacha d'Alep) ; on dit aussi دنية الله *douniètallah* (le monde de Dieu), et كرة البيت *kirèt elbeit* (le loyer de la maison).

209. Le génitif peut encore être exprimé par le mot متاع *m'ta'*, ou بتاع *b'ta'*, dont il sera parlé à l'article des pronoms possessifs. Ainsi, au lieu de كتاب بطرس *kitab bothros* (le livre de Pierre), on peut dire aussi الكتاب متاع بطرس *el kitab m'ta' bothros*.

On se sert encore en Barbarie du mot دى ou دا *dè*, pour le génitif. Ex. : السفر دى الكتاب *elsifr dè lkitab* (le volume de l'ouvrage). A Bagdad on emploie au même usage le mot مال *mal*. Ex. : المفتاح مال الصندوق *el meftahh mal essandouk* (la clef du coffre).

(1) On pourrait aussi conserver l'*èlif* en le faisant suivre d'un ة euphonique, et écrire كخياة باشاة حلب ; mais cette manière d'exprimer le génitif n'est point usitée généralement en Syrie ; on n'en trouve presque d'exemples que dans les manuscrits copiés en Égypte.

210. Datif. La préposition لِ *li* (à) marque le datif. Si le mot est précédé de l'article ال *èl*, l'*èlif* de l'article disparaît devant la préposition لِ ; ainsi l'on écrit لِلْكِتَابِ *lilkitab* (au livre).

211. Accusatif. Dans la conversation on se sert quelquefois de la terminaison ـً *an*, marque de l'accusatif; mais c'est toujours adverbialement. Ainsi l'on dit : فزعًا *fez-àn* (par crainte), غصبًا *ghassbàn* (par force).

212. Le vocatif s'exprime par la particule يا *ya*, dont on fait précéder les mots. Ex. : يا فارس *ya faris* (ô cavalier !). Si le mot a l'article, on dit ايّها *eyyouha*. Ex. : ايّها الفارس *eyyouha el faris* (ô cavalier !). On peut dire encore يا ايّها الفارس *ya eyyouha el faris*. Pour le féminin on se sert de ايّتُها *eyyètouha*, au lieu de ايّها.

213. L'ablatif s'exprime au moyen des prépositions عن *àn* ou مِن *min*, qui signifient *de*.

DES PRONOMS.

Pronom personnel.

214. Le pronom, en arabe, peut être *isolé,* c'est-à-dire formant un mot à part, ou bien *affixe,* c'est-à-dire attaché à la fin d'un mot. En général, le pronom *isolé* est employé quand il doit être le sujet d'une proposition, l'*affixe* quand il sert de complément.

215. Les pronoms isolés sont.

SINGULIER.

	Masculin.	Commun.	Féminin.
Je, moi,	«	أَنَا *àna.*	«
Tu, toi,	أَنْتَ *èntè, ènt.*	«	أَنْتِ et أَنْتي *ènti.*
Il, elle,	هُوَ *houè, hou.*	«	هِيَ *hiyè, hi.*
PLURIEL.			
Nous,	«	(1) نَحْنُ *nehhnè, nehhn.*	«
Vous,	«	أَنْتُمْ *entoum,* أَنْتُوا *entou.*	«
Eux, elles,	«	(2) هُم *hom.*	Plus rég. هُنَّ *honnè.*

(1) Égypte et Barbarie, احن ou احنا *ahhna.*

(2) Barbarie, هُمَن *houman.*

Il n'est pas rare d'entendre employer par les Syriens, dans la conversation, le pronom féminin pluriel هُنَّ, au commencement d'une phrase, pour le masculin ou le féminin indifféremment. Ex. : هُنَّ ناس ما لهم دين *honnè nas ma lehom din* (ce sont des gens sans religion).

216. Les pronoms affixes font ordinairement l'office de génitifs ou d'accusatifs des pronoms isolés. Ce sont :

Person.	Masculin.	Commun.	Féminin.
		SINGULIER.	
1re	«	ى *i* ou نى *ni*.	«
2e	ك *àk*.	«	ك *èk* ou كِ et كى *ki*.
3e	(1) هُ *ho*.	«	هَا *ha*.
		PLURIEL.	
1re	«	نا *na*.	«
2e	«	كُم *kom*.	«
3e	«	هُم *hom*.	Plus rég. هُنَّ *honnè*.

217. Lorsque le pronom de première personne au singulier est régi par un verbe, on doit employer

(1) Dans ce monosyllabe l'*h* ne s'aspire ordinairement point, c'est pourquoi je le supprime presque toujours dans la transcription des mots arabes.

l'affixe نى *ni,* qui sert comme accusatif. Ainsi l'on dira : ضربنى *dharabni* (il m'a frappé), et non pas ضربى *dharabi.*

218. L'affixe féminin singulier de deuxième personne كِ *ki,* ou plus vulgairement كى, s'emploie après les mots qui finissent par une voyelle longue. Ainsi l'on prononce : ضربوكِ (1) *dharabouki* (ils t'ont frappée), tandis qu'on dit : ضربك *dharabèk* (il t'a frappée).

219. L'affixe masculin singulier de deuxième personne ك se prononce *àk* lorsque le mot auquel il est joint est terminé par une consonne ; comme أُمّك *oummàk* (ta mère), ضربك *dharabàk* (il t'a frappé). Si le mot est terminé par une voyelle longue, l'affixe ك se prononce seulement comme un *k*. Ex. : ابوك *abouk* (ton père), ضربوك *dharabouk* (ils t'ont frappé).

220. De même l'affixe masculin singulier de troisième personne se prononce *ho* ou *o* après une consonne, comme ضربه *dharabo* (il l'a frappé). Après

(1) L'*èlif* muet qui termine certaines personnes du pluriel dans les verbes, disparaît lorsqu'un pronom affixe est joint au verbe.

une voyelle longue, il se prononce comme un *h* aspiré. Ex. : ضربوه *dharabouh* (ils l'ont frappé).

221. Ces affixes font l'office de sujets, lorsqu'ils sont joints à un petit nombre de particules qui peuvent les recevoir. Telle est la particule أَنّ *enn*. Ex. : قال انّك رحت الى البلد *kâl ennak reuhht ila 'lbèlèd* (il a dit que tu as été à la ville).

222. De plus, dans l'usage vulgaire, on emploie souvent les pronoms affixes comme sujets, au lieu des pronoms isolés, en les joignant soit à certains adverbes qui ne devraient point les admettre, comme اين *ein* (où?), ex. : اينك *einàk* (où es-tu?) (Voy. les adverbes); soit à l'expression conjonctive composée مادام *madam* (puisque, tandis que), ex. : مادامك هون *madamàk haun* (tandis que tu es ici). Enfin, après la négation ما *ma,* on se sert, en Syrie, pour les première et deuxième personnes, des pronoms affixes, en intercalant un ن entre le pronom et l'*èlif* final de ما. (Pour la troisième personne, on ne peut se servir que du pronom isolé.) Ex. : ماني رايح *mani rayehh* (je ne vais point), مانّا رايحين *manna rayehhin* (nous n'allons point), مانك رايح

manàk rayèhh (tu ne vas point), مانكم رايحين *manekom rayehhin* (vous n'allez point). On dit plus rarement, mais on écrit presque toujours ما انا رايح, etc.

Les Barbaresques joignent ainsi les pronoms affixes à la particule را *ra*. Ils disent : رانا علّمناك *rana àllemnak* (voici que nous t'avons informé), راني عطشان *rani athchan* (je suis altéré).

223. Lorsque deux pronoms servent de sujets à un même verbe, comme dans cette phrase : *Vous et moi nous irons,* le pronom énoncé le second en arabe peut se rendre par l'affixe joint au mot إيّا *eyya*; ce mot n'a aucun sens, et n'est qu'une espèce de support pour l'affixe. Ainsi l'on dit : نروح نحن وإيّاك *nerouhh nehhn ou eyyak* (nous et vous nous irons) (1). Dans ce cas, on n'exprime quelquefois point le pronom isolé dont le sens est implicitement contenu dans le verbe; on dit, par exemple : نروح وإيّاك *nerouhh ou eyyak*. Cette façon de parler est commune en Égypte, et n'est pas usitée en Syrie.

On peut remarquer qu'en arabe le pronom de pre-

(1) La conjonction و, signifiant مع (avec), gouverne l'accusatif. C'est ce qui motive ici l'emploi de l'affixe.

mière personne s'énonce ordinairement avant les pronoms des autres personnes. Il n'est pas d'usage de dire : انت و انا *ent ou ana* (toi et moi) ; l'on dit : انا و انت *ana ou entè,* ou انا و ايّاك *ana ou eyyak* (moi et toi). Souvent aussi l'on substitue, pour la première et la deuxième personne, le pluriel au singulier, surtout dans le style épistolaire.

224. Si un verbe a deux pronoms pour compléments, comme dans cette phrase : *Il me l'a apporté,* on peut placer en premier lieu l'affixe qui exprime le régime direct, et dire : جابه لى *djabo li* (il me l'a apporté), ou bien placer cet affixe le second, en le faisant précéder du mot ايّا. Ex. : جاب لى إيّاه *djab li eyyah.*

225. Pronom possessif. Les affixes arabes servent à rendre nos pronoms possessifs *mon, ton, son,* etc. Ex. : كتابى *kitabi* (mon livre), كتابك *kitabàk* (ton livre), كتابه *kitabo* (son livre), etc.

226. En Barbarie, on emploie souvent, comme équivalent de nos pronoms possessifs, le substantif متاع *meta'* (propriété), auquel on joint les affixes. Le mot qui précède متاع doit avoir l'article. Ex. : الكتاب متاعى *el kitab m'taï* (mon livre), المحرمة

متاعك *el mahherma m'taak* (ton mouchoir) (1).

On se sert aussi, dans la basse Syrie, du mot متاع, mais on l'emploie comme un adjectif qui fait au féminin متاعة *m'taa,* au pluriel متاعين *m'taïn* ou متوع *m'tou'*. Ainsi l'on dit : المحرمة متاعتك *el mahhrama m'taatak* (ton mouchoir).

L'expression متاع, qui est d'ailleurs du langage le plus trivial, ne doit jamais être employée quand il s'agit de personnes. Ainsi l'on ne dit pas : الولد متاعي *el ouèlèd m'taï* (mon fils), mais seulement ولدي *ouèlèdi*.

Le peuple d'Égypte se sert de بتاع *b'ta'* et بتوع *b'tou',* comme les Syriens de متاع.

227. Dans le dialecte de l'Arabie proprement dite,

(1) Le peuple de Barbarie fait subir au mot متاع diverses altérations, telles que متع, امتاع, امتع, et même انتع. En outre, les Barbaresques emploient quelquefois ce mot dans un autre sens que celui des pronoms possessifs. Par exemple, ils disent : شوية متاع الما *chouyya m'ta' el ma* (un peu d'eau); ردّ لنا الخليفة متاع السيد مصطفى *roudd lena el khalifa m'ta' esseyid mousthafa* (rendez-nous, pour lieutenant, le seigneur Moustafa, ou le lieutenant qui est le seigneur Moustafa). Cette phrase isolée pourrait paraître signifier : Rendez-nous le lieutenant du seigneur Moustafa ; mais la lettre d'où elle est tirée ne permet aucun doute sur le sens que je présente.

on substitue à بتاع le substantif حقّ *hhakk* (droit). Ex.: الصمغ حقّى *essamgh hhakki* (ma gomme).

228. Les Barbaresques se servent encore, comme équivalent de nos pronoms possessifs, du mot ديال *diàl* (corruption de الذى ل), suivi des affixes. Ex.: الكتاب ديالى *el kitab diali* (mon livre), الكتاب ديالة *el kitab dialo* (son livre), etc.

A Bagdad, on fait du mot مال un usage analogue. On dit, par exemple : الكتاب مالى *el kitab mali* (mon livre).

229. *Le mien, le tien, le sien,* etc., se rendent aussi quelquefois par بتاع ou متاع avec les pronoms affixes. Ex.: هذا بتاعى وهذاك بتاعك *hada b'taï ou hadak b'taàk* (voici le mien et voilà le tien). Mais la manière la plus correcte, et en même temps la plus générale, d'exprimer *le mien, le tien,* etc., est de désigner par son nom même l'objet dont on parle, et de répéter ce nom. Ex.: هذا كتابى وهذاك كتابك *hada kitabi ou hadak kitabàk* (voici mon livre et voilà le tien).

230. Pronom réfléchi. Nos pronoms réfléchis *se, soi, moi-même, toi-même,* etc., n'ont point de correspondants en arabe; on y supplée par les mots نفس

nèfs (âme), روح *rouhh* (âme), ذات *zat* (essence), حال *hhâl* (état), auxquels on ajoute les affixes. Ex.: قتل حاله *kàtàl hhâlo* (il s'est tué), راح هو بذاته *râhh houé b'zato* (il est allé lui-même), etc.

231. Il arrive quelquefois que l'on ajoute le pronom isolé à l'affixe pour particulariser mieux la signification. Ce redoublement de pronom équivaut souvent au sens du mot *même* en français. Ex.: لي انا *li àna* (à moi-même *ou* c'est à moi), لَه هُوَ *leho houè* (à lui-même *ou* c'est à lui), كِتابي انا *kitabi àna* (mon livre à moi).

232. Lorsque nos pronoms français sont joints à des noms de nombre, comme *vous deux, nous trois,* etc., on les rend en arabe par les affixes unis aux numératifs. Ex.: اثنينكم *et'neinkom* (vous deux), ثلاثتنا *t'latètna* (nous trois), etc.; mot à mot : les deux de vous, les trois de nous (1).

233. De même, *moi seul, vous seuls, eux seuls,* etc., se traduisent par وحدي *ouahh'di,* وحدكم *ouahhedkom,* وحدهم *ouahh'dom,* etc.

(1) On pourrait aussi se servir des pronoms isolés, en donnant l'article aux numératifs et les plaçant après. Ex.: نحن الثلاثة *nehhn ett'laté* (nous trois).

234. Les pronoms personnels suppléent au présent du verbe كان *kan* (être) (n° 124). Ex.: انا مَبْسوط *àna mabsouth* (je suis content), انت مبسوط *ènt mabsouth* (tu ès content), etc.

235. Les pronoms affixes joints à une préposition, comme مع *ma'* (avec), et surtout عند *and* (chez), servent à exprimer le verbe *avoir*. Ainsi l'on dit: عِنْدي *andi* (j'ai), عِنْدك *andàk* (tu as); مَعِي *maï* (j'ai), مَعك *màak* (tu as), etc.

On se sert aussi, pour exprimer le verbe *avoir*, du ل qui marque le datif. Ex.: لي *li* (j'ai), لك *làk* (tu as).

(Voyez, à l'article des prépositions, les différentes manières d'exprimer le verbe français *avoir*.)

Pronom démonstratif.

236. Les pronoms démonstratifs qui indiquent les objets proches, sont :

SINGULIER.

	Masculin.	Commun.	Féminin.
Ce, cette, celui-ci, celle-ci.	هَذا *hada.*	«	هذى et هذه *hadi.*

PLURIEL.

Ces, ceux-ci, celles-ci.	«	هَولاء (1) *haoulaï.*	«

(1) Plus vulgairement هَذول *hadaul*, et quelquefois *hadauli.*

237. Les pronoms démonstratifs qui indiquent un objet éloigné se forment des précédents par l'addition d'un ك et le changement du ة final de هذة en ى.

SINGULIER.

	Masculin.	Commun.	Féminin.
Ce, cette, celui-là, celle-là.	هذاك *hadak* (1).	« .	هذيك *hadik* (2).

PLURIEL.

Ces, ceux-là, celles-là.	«	هُولائِك (3) *haoulaïk*.	«

Au lieu de هذاك et de هذيك, on se sert quelquefois de ذلك *zalik* et de تلك *tilk*, qui sont d'un style plus relevé.

238. Ces pronoms doivent toujours se construire avec l'article, c'est-à-dire que l'on doit traduire *ce livre-ci,* par هذا الكتاب *hada 'l kitab,* et *ce livre-là,* par هذاك الكتاب *hadak el kitab*.

239. On peut retrancher le ه qui est au commencement de tous ces pronoms, et dire ذا *da* ou *dè* (ce), ذة *di* (cette), دول *daul* (ces) ; de même pour les dé-

(1) Et quelquefois *hadaki*.

(2) Et quelquefois *hadiki*. On dit aussi هتيك *hatik*.

(3) Plus vulgairement هَدُولِيك *hadaulik*, et quelquefois *hadauliki* et هُدُوك *hadauk*.

monstratifs éloignés ذاك *dak* (ce), ذيك *dik* ou تيك *tik* (cette), et دوك *dauk* (ces). Lorsque les Égyptiens emploient les pronoms démonstratifs ainsi réduits en monosyllabes, ils les mettent souvent après le mot. Ex.: الكتاب ذا *el kitab dè* (ce livre), au lieu de هذا الكتاب *hada 'l kitab*.

240. Dans le langage de la conversation, on fait presque toujours subir à l'article et au pronom démonstratif prochain une contraction qui consiste à réunir le ه, première lettre du pronom, au ل, dernière lettre de l'article, et à supprimer toutes les lettres intermédiaires. Ainsi l'on prononce vulgairement *hàl kitab* هلكتاب (ce livre), au lieu de *hada el kitab* هذا الكتاب ; *hàl bint* هلبنت (cette fille), au lieu de *hadi el bint* هذه البنت. De même pour le pluriel.

Lorsque la première lettre du nom est une lettre solaire, et que l'on fait cette contraction, l'on élide dans la prononciation le ل de l'article, et l'on dit, par exemple, هلرجل *harradjol* (cet homme), au lieu de هذا الرجل *hada erradjol*.

241. Très-souvent il arrive, quand on fait cette contraction, que l'on répète le pronom après le nom,

de cette manière : هلكتاب هذا *hàl kitab hada* (ce livre-ci), هلبنت هذه *hàl bint hadi* (cette fille-ci), ce qui donne plus d'énergie à la signification primitive.

On peut aussi écrire هل séparément, comme : هل وقت *hàl ouakt* (ce temps).

Pronom relatif.

242. Le relatif *qui* ou *lequel* s'exprime en arabe par :

SINGULIER.

Masculin.	Commun.	Féminin.
اَلَّذِى *ellèzi* (1).	«	اَلَّتِى *ellèti.*

PLURIEL.

«	اَلَّذِين *ellèzin,* اَلَّذِى *ellèzi* (2).	«

243. Le plus communément on prononce par abréviation *èlli* اَلِّى, et même souvent *èll* اَلّ ou *èl* ال, pour les deux genres et les deux nombres.

244. Le relatif اَلذى *èllèzi* doit généralement être employé comme sujet d'une proposition incidente. Dans le cas où le relatif, en français, n'est point sujet,

(1) Barbarie, *ellèdi.*

(2) Barbarie, *ellèdin*, *ellèdi.*

il faut, en arabe, prendre la tournure indiquée dans les exemples suivants :

L'homme que j'ai vu, الرَّجُل الذى شُفْته *erradjol ellèzi choufto.*

La vieille femme dont on a tué le fils, العجوز الّتى قتلوا ابنها *el àdjouz ellèti katalou ebnha.*

La porte par laquelle je suis sorti, الباب الّذى خرجت منه *el bab ellèzi kharadjt minno.*

(Mot à mot : l'homme lequel j'ai vu lui ; la femme laquelle on a tué son fils ; la porte laquelle je suis sorti par elle.)

245. Le relatif français joint à un nom qui n'est point déterminé par l'article, ne s'exprime pas en arabe. Ainsi cette phrase : *Voici un homme que j'ai vu,* se traduirait en arabe par هذا رجل شفته قبل اليوم *hada radjol choufto kabl elyaum* (mot à mot : celui-ci (est) un homme... j'ai vu lui avant ce jour).

246. Pour exprimer *celui qui, celle qui,* on se sert de الذى et التى, etc., ou de مَن *men,* qui est des deux genres et des deux nombres, et ne se dit que des êtres raisonnables.

247. *Ce qui, ce que,* se rendent par ما *ma,* souvent encore par الذى (en sous-entendant الشى *echchey*), pour éviter l'équivoque que pourrait produire la

double signification du mot ما, qui est aussi une négation.

Il y a plusieurs locutions vulgaires dans lesquelles الذى doit se traduire par *de ce que, parce que* ou *puisque*. Ex. : الحمد لله الذى ما انضرّيت *el hhamd lillah ellezi ma endharrait* (grâces à Dieu de ce que tu n'as pas eu de mal!) (1).

Les Barbaresques se servent aussi quelquefois de الذى comme équivalent de la particule أن *an* (que). Ex. : الناس يعرفوا الذى خذينا مالطة *ennas ya-*

(1) A la vérité on pourrait, dans ces cas, supposer une ellipse au moyen de laquelle on considérerait الذى comme signifiant *qui* ou *lequel*, et se rapportant à un nom ou pronom précédent. Ainsi, dans l'exemple que j'ai cité, il serait possible, en rétablissant l'ellipse supposée, de faire ainsi la phrase : الحمد لله الذى سترك وما انضرّيت (grâces à Dieu *qui* t'a garanti, et, ou de sorte que, tu n'as pas eu de mal). Mais la première explication, d'ailleurs plus simple, doit suffire aux personnes qui se livrent à l'étude du langage usuel, auquel il est inutile, quelquefois peut-être impossible, d'appliquer une analyse rigoureuse.

On trouve un exemple de cet emploi de الذى dans la phrase suivante, prise dans le tome XII des Notices et extraits des manuscrits : حمدنا البارى الذى جنابكم قد شرفنا بحسن نظره على تلك الطايفة (nous avons rendu grâces à Dieu de ce que Votre Excellence a daigné jeter un regard sur notre nation).

refou elli khedina maltha (on sait que nous avons pris Malte).

246. *Qui* interrogatif se rend par مَن *men,* que l'on prononce quelquefois, en Syrie, *mun* ou مين *min*. On lui adjoint souvent le pronom isolé de troisième personne, et l'on dit من هو *mun hou* (qui?), ou par abréviation منو *munou*. Les Barbaresques disent encore اشكون *achkoun* (qui?).

249. *Que* interrogatif, *quoi? quelle chose?* s'expriment par ما *ma,* et plus vulgairement par أيش *eich* ou أش *ach,* abréviation de أي شيء (quelle chose?).

En Barbarie on dit aussi أشن *achen* (quoi?). Les Syriens disent encore أيش هو *eichou,* et même شو *chou* (quoi?), et les Barbaresques أشنو *achnou,* pour أش هو (quoi? qu'est-ce que c'est?).

250. *Quel?* أيّ *eyy*. On dit aussi pour les deux genres, en Syrie, أينا *eyna;* en Égypte, انا *ana;* en Barbarie, أما *ama*.

251. *Lequel? laquelle?* en Syrie, أينا هو *eyna hou,* أينا هي *eyna hy;* en Égypte, انا هو *ana hou,* انا هي *ana hy;* en Barbarie, أما هو *ama hou,* أما هي *ama hy*.

CHIFFRES ET NUMÉRATIFS.

252. Les lettres de l'alphabet arabe peuvent être employées comme chiffres, mais leur valeur numérique est fixée d'après un ordre plus ancien que celui de l'alphabet actuel, et nommé *aboudjed*. Voici cet ordre dans lequel les lettres sont réunies de manière à former huit mots fictifs :

ابجد هوز حطى كلمن
سعفص قرشت ثخذ ضظغ
(صعفض فرست ثخذ ظغش (Barbarie.

Le tableau suivant indique la valeur de ces lettres.

Lettr.	Valeur.	Lettr.	Valeur.	Lettres. Orient.	Lettres. Barbar.	Valeur.	Lettres. Orient.	Lettres. Barbar.	Valeur.
ا	1	ح	8	س	ص	60	ت	ت	400
ب	2	ط	9	ع	ع	70	ث	ث	500
ج	3	ى	10	ف	ڢ	80	خ	خ	600
د	4	ك	20	ص	ض	90	ذ	ذ	700
ه	5	ل	30	ق	ڧ	100	ض	ظ	800
و	6	م	40	ر	ر	200	ظ	غ	900
ز	7	ن	50	ش	س	300	غ	ش	1,000

Cette valeur numérique des lettres est employée par les gens instruits pour conserver la date des événements marquants dans des chronogrammes ou *tarikh* تاريخ composés d'une réunion de mots qui forment souvent un hémistiche de vers, et dont les lettres additionnées ensemble représentent le chiffre de l'année dans laquelle l'événement a eu lieu (1).

Le commun des Arabes ne connaît l'*aboudjed*

(1) C'est ainsi que Molla-Zati a renfermé dans ces deux mots arabes مات النحرير (le grand homme n'est plus), la date de la mort de Kémal-Pacha-Zadè, poëte, historien et jurisconsulte également célèbre parmi les Ottomans, décédé l'an 940 de l'hégire (*Tezkerèt echchouara*, par Hassan-Tchélébi).

A l'occasion de la prise de Saint-Jean d'Acre par les troupes de Mohammed-Aly, à la fin de l'an de l'hégire 1247 (27 mai 1832), un poëte arabe (Nasry-Traboulsy) a composé le *tarikh* suivant :

ولما عزّ نصر عزيز مصر ودكّ بلاد اهل البَغي دكّا
فنادى هاتف الافراح ارّخ وقد فتحت بمنّ الله عكّا

« Tandis que la victoire secondait les armes du monarque égyptien, et que ses guerriers soumettaient le pays de ses injustes ennemis, une voix messagère d'allégresse m'a crié : « Consacre cette date à la mémoire : « Acre a été conquise par la grâce de Dieu. »

Ces vers sont du mètre وافر.

La somme des lettres du dernier hémistiche est 1247. (Il ne faut point compter double les lettres marquées d'un *techdid*.)

qu'imparfaitement, et ne s'en sert guère que pour substituer quelquefois au mot بدوح *bedouhh,* espèce de talisman que l'on inscrit sur l'enveloppe des lettres missives, les quatre chiffres ٨٦٤٢ (8642), qui correspondent à la valeur numérique de chacune des lettres de بدوح, et que l'on dispose dans le même ordre.

253. Le chiffre généralement usité est celui que l'on appelle *chiffre indien,* الرقم الهندى *errakm el hindi*. En voici la figure avec les noms de nombre qui y correspondent :

Figures.		Masculin.	Féminin.
1	١	واحِد *ouahhed.*	واحِدة *ouahhdé.*
		احد *ahhàd.*	إحْدَى *ehhda.*
2	٢	إثْنَين *etnein, t'nein.*	إثْنَتَين *etnetein, tintein.*
3	٣	ثلاثة *t'laté.*	ثلاث *t'lat.*
4	٤	أرْبَعة *arbaà.*	أرْبَع *arba'.*
5	٥	خَمْسَة *khamsé.*	خمس *khams.*
6	٦	سِتّة *sitté.*	سِتّ *sitt.*
7	٧	سَبْعَة *seb-à.*	سبْع *sèb'.*
8	٨	ثَمَانية *t'manié, t'mani.*	ثمان *t'man.*
9	٩	تِسْعَة *tis-à.*	تِسْع *tis'.*
10	١٠	عَشْرة *àchra.*	عَشَر *àcher.*

Au lieu de إثنين, les Barbaresques disent souvent زوج *zoudj* (deux).

254. Ces nombres, depuis trois jusqu'à dix inclusivement, exigent après eux le pluriel; mais depuis onze et au delà, le nom de la chose nombrée se met au singulier. Ex.: ثلاثة رجال *t'latèt ridjal* (trois hommes), et ثلاثة عشر رجل *t'latèt àcher radjol* (treize hommes).

Il est encore à remarquer que, depuis trois jusqu'à dix, la terminaison ة, signe ordinaire du féminin, s'emploie pour le masculin dans les numératifs cardinaux.

255. Les nombres composés d'unités et d'une dizaine sont :

Figures.		Masculin.	Féminin.	Prononciation plus vulgaire pour les deux genres.
11	١١	احد عشر *ahhàd àchèr.*	إحدى عشرة *ehhda àchra.*	*hhidach.*
12	١٢	إثنا عشر *etna àchèr.*	إثنتا عشرة *etneta àchra.*	*t'nach.*
13	١٣	ثلاثة عشر *t'latèt àchèr.*	ثلاث عشرة *t'lat àchra.*	*tlitlach.*
14	١٤	أربعة عشر *arbaàt àchèr.*	أربع عشرة *arba' àchra.*	*arbatach.*

Figures.		Masculin.	Féminin.	Prononciation plus vulgaire pour les deux genres.
15	١٥	خَمْسَةَ عَشَر *khamsèt àchèr.*	خَمْس عَشْرَة *khams àchra.*	*khamstach.*
16	١٦	سِتَّةَ عَشَر *sittet àchèr.*	سِتّ عَشْرَة *sitt àchra.*	*sittach.*
17	١٧	سَبْعَةَ عَشَر *seb-àt àchèr.*	سَبْع عَشْرَة *seb' àchra.*	*sebatach.*
18	١٨	ثَمانِيَةَ عَشَر *t'manièt àchèr.*	ثَمانِ عَشْرَة *t'man àchra.*	*t'mantach.*
19	١٩	تِسْعَةَ عَشَر *tis-àt àchèr.*	تِسْع عَشْرَة *tis' àchra.*	*tiçatach.*

256. Les numératifs des dizaines, depuis vingt jusqu'à quatre-vingt-dix, n'admettent point de distinction de genre. Ce sont :

20	٢٠	عِشْرِين	*echrin.*	60	٦٠	سِتِّين	*sittin.*
30	٣٠	ثَلاثِين	*t'latin.*	70	٧٠	سَبْعِين	*seb-ëin.*
40	٤٠	أَرْبَعِين	*arbaïn.*	80	٨٠	ثَمانِين	*t'manin.*
50	٥٠	خَمْسِين	*khamsin.*	90	٩٠	تِسْعِين	*tis-ëin.*

Ces terminaisons ين sont souvent remplacées par la terminaison ون dans le style soigné, et lorsque le mot doit être au nominatif.

257. Les unités jointes aux numératifs des dizai-

nes doivent toujours les précéder et en être séparées par la conjonction و.

EXEMPLES :

21	٢١	واحد وعشرين *ouahhed ou echrin.*
22	٢٢	إثنين وعشرين *t'nein ou echrin*, etc.

258. Le mot *cent* se rend par مية *miè* ou ماية *mayè; deux cents* par ميتين *mitein* ou مايتين *mayetein*.

Le mot مية *miè* a le pluriel ميات *miat;* cependant, contre la règle ordinaire, on le laisse au singulier quand on le joint aux noms de nombre depuis trois jusqu'à neuf (254). Ainsi l'on dit :

300	٣٠٠	ثلاثمية *t'latmié,*	ou ثلاثماية *t'latmayé;*
400	٤٠٠	اربعمية *arbàmiè,*	ou اربعماية *arbamayé;*

ainsi de suite, en écrivant comme un mot composé le numératif des unités et celui des centaines.

259. Les unités ajoutées aux centaines doivent les suivre. Ainsi l'on dira : 101, ١٠١ مية وواحد *miè ou ouahhèd;* 102, ١٠٢ مية واثنين *miè ou t'nein.*

Le nom de la chose nombrée, se trouvant placé immédiatement après le numératif d'unités, se met au pluriel comme l'exige ce numératif (254). Ex.: Cent quatre ans, مية واربع سنين *miè ou arbà sènin*.

On sous-entend سنة *sènè* après le mot مية *miè*. On pourrait aussi dire, en répétant le nom de la chose nombrée : مية سنة واربع سنين *mit sènè ou arbà sènin* (cent ans et quatre ans).

260. Les numératifs des dizaines ajoutés aux numératifs des centaines doivent également être placés après. Ainsi : 150, ١٥٠ مية وخمسين *miè ou khamsin*.

261. *Mille,* الف *elf,* fait au pluriel الوف *oulouf* et آلاف *alaf*. Cette dernière forme de pluriel est la seule usitée dans la composition des nombres.

262. Lorsque ces numératifs doivent être précédés de l'article, on suit, dans le langage usuel, le même mode qu'en français ; c'est-à-dire qu'on n'exprime qu'une fois l'article, et qu'on le donne toujours au premier numératif dans les nombres composés.

EXEMPLES :

الثلاثة اكياس *ett'latèt èkyas,* les trois bourses ;

الاثناعشر كيس *el etnaacher kis,* les douze bourses ;

الثلاثة وثلاثين كيس *ett'latè ou t'latin kis,* les trente-trois bourses.

Mais lorsque le nombre se compose d'unités et de dizaines, il est plus régulier de donner l'article à chacun des numératifs, et de dire, par exemple : الثلاثة والثلاثون كيس (les trente-trois bourses).

263. Voici dans quel ordre on exprime les nombres au delà de mille. Soit 3452, ٣٤٥٢ : ثلاثة الاف واربعمية واثنين وخمسين *t'latet alaf* (mille) *ou arbàmiè ou t'nein ou khamsin.* (centaines) (unités) (dizaines).

On voit par cet exemple que les quantités les plus fortes s'énoncent les premières, excepté cependant les dizaines, qui doivent être précédées des unités. Il est à remarquer que la manière dont les Arabes disposent les chiffres et énoncent les quantités suit l'ordre inverse de leur système d'écriture (sauf l'exception indiquée pour les unités jointes aux dizaines).

264. Les numératifs cardinaux s'emploient, comme en français, pour les dates d'années ; mais alors ils doivent être énoncés dans un ordre contraire. Ex. : L'an 1823, ١٨٢٣ سنة , lisez : سنة ثلاث وعشرين وثمانمية والف *sènè t'lat ou* (unités) *echrin ou t'manmiè ou elf.* (dizaines) (centaines) (mille).

On ne joint pas l'article au mot *sènè,* et les numératifs d'unités doivent être mis au féminin, comme concordant avec سنة.

265. Pour les dates de jours on se sert communément, comme en français, des numératifs cardinaux sans article, parce que le nom du mois leur sert de complément. Ainsi l'on dit :

فى اربعة حزيران وصلنى مكتوب تاريخه خمسة عشرايار *fi arbaàt hhaziran ouesselni mektoub tarikho khamstacher ayar*.

(Le 4 juin j'ai reçu une lettre datée du 15 mai.)

Les numératifs se mettent alors au masculin, parce qu'ils sont censés s'accorder avec le mot يوم *yaum* (jour) sous-entendu. Il est plus régulier d'employer, dans ce cas, les numératifs ordinaux.

266. Quand les Arabes musulmans écrivent en toutes lettres les quantièmes de leurs mois lunaires, ils les indiquent ordinairement d'une manière analogue à celle-ci :

حرروجرى فى اربعة عشريوم خلت من شهر صفر الخير *hheurrer oua djera fi arbaàt àcher yaum khalèt min chahr ssafar el khaër*.

(Ceci a été écrit et a eu lieu le quatorze du mois de

safer l'heureux. Mot à mot : quatorze jours étant passés du mois de safer.)

Numératifs ordinaux.

267. Les numératifs ordinaux d'unités sont, pour le masculin :

1er	اوّل	*awwèl.*	6e	سادس	*sadis.*
2e	ثانى	*tani.*	7e	سابع	*sabè.*
3e	ثالث	*talit.*	8e	ثامن	*tamin.*
4e	رابع	*rabé'.*	9e	تاسع	*tacè'.*
5e	خامس	*khamis.*	10e	عاشر	*achir.*

268. Le féminin de اوّل *awwèl* (premier) est أُولَى *oula.* Celui de tous les autres numératifs ordinaux ci-dessus indiqués se forme régulièrement par l'addition du ة final (n° 186), ainsi : ثانية *taniè* (seconde), ثالثة *talitè* (troisième), etc., etc.

269. On dit quelquefois vulgairement اوّلى *awwèli* et *awwèliè,* اوّلانى *awwèlani* et اوّلانية *awwèlaniè,* au lieu de اوّل *awwèl* et اولى *oula.*

270. Depuis *onze* et au delà, on se sert du mot حادى *hhadi,* féminin حادية *hhadiè,* au lieu de اول et اولى, dans la composition des numératifs ordinaux;

le numératif des dizaines est le même que pour les nombres cardinaux. Ainsi l'on dit :

	Masculin.	Féminin.
11e	حَادِى عَشَر *hhadi àchèr.*	حادية عَشْرة *hhadièt àchra.*
12e	ثـانى عَشَر *tani àchèr*, etc.	ثانيـة عَشْرة *tanièt àchra*, etc.

Si l'article est nécessaire, on ne le donne qu'au numératif d'unités. Ex. : Le onzième, الحادى عَشَر *el hhadi àcher*; la douzième, الثّانية عشرة *ettanièt àchra*.

271. Vingtième, عشرين *echrin*; trentième, ثلاثين *t'latin*, etc., etc., comme pour les nombres cardinaux (n° 256). Depuis *vingt*, on place la conjonction و entre le numératif des dizaines et celui des unités qui doit toujours précéder. Ex. : Vingt et unième, masculin حادى وعشرين *hhadi ou echrin*; féminin حادية وعشرين *hhadiè ou echrin*.

Si l'on ajoute l'article, on doit le donner aux deux numératifs. Ex. : Le vingt et unième dialogue, المخاطبة الحادية والعشرون *elmoukhathabèt elhhadiè ouel echroun*.

On emploie la terminaison ون *oun* préférablement à la terminaison ين *in*, dans les titres, et en général dans le style soigné, lorsque le numératif doit être au nominatif, comme je l'ai fait observer précédemment.

272. Les numératifs ordinaux de centaines et de mille sont les mêmes que les cardinaux. Ainsi, centième, مية *miè;* millième, الف *elf,* etc.

273. Dans la composition des nombres ordinaux au delà de *cent,* on suit un ordre contraire à celui qu'on observe pour les nombres cardinaux, c'est-à-dire que l'on exprime d'abord les unités, ensuite les dizaines, puis les centaines, etc., etc., en rejetant toujours à la fin le nombre le plus fort. Ex.: Le cent-unième, الحادى والمية *elhhadi ouel miè,* ou الواحد والمية *elouahhèd ouel miè,* ou الاول بعد المية *el awwèl bàd el miè;* le mille deux cent trente-troisième, الثالث والثلاثين والميتين والالف *ettalit ouett'latin ouel mitein ouel elf,* ou الثالث والثلاثين بعد الميتين والالف *ettalit ouett'latin bàd el mitein ouel elf.*

274. Pour les dates de jours il est bon d'employer les numératifs ordinaux. On dira donc: Le 4 du mois de ramadhan, فى رابع شهر رمضان *fi rabè' chahr ramadhan;* le 28 de rèdjèb, فى ثامن

وعشرين رجب *fi tamin ou echrin rèdjèb,* en sous-entendant le mot يوم *yaum* (jour), et sans donner d'article aux numératifs.

275. Si l'on voulait exprimer le mot يوم, il faudrait donner l'article à ce mot, ainsi qu'aux numératifs, et séparer par la préposition من *min* le nom du mois des numératifs. Ainsi l'on dirait : Le 4 de ramadhan, فى اليوم الرابع من شهر رمضان *filyaum errabè' min chahr ramadhan;* le 28 de rèdjèb, فى اليوم الثامن والعشرين من رجب *filyaum ettamin ouel echrin min rèdjèb.*

276. Lorsqu'on désigne par le quantième du mois un jour déjà indiqué sous sa dénomination hebdomadaire, on peut donner ou retrancher à volonté l'article aux numératifs. Ex. : عند الظهر من يوم الخميس ثالث وعشرين شهر رجب *and eddhohor min yaum elkhamis talit ou echrin chahr rèdjèb,* ou عند الظهر من يوم الخميس الثالث والعشرين من شهر رجب *and eddhohor min yaum elkhamis ettalit ouel echrin min chahr rèdjèb* (à l'heure de midi du jeudi 23e du mois de rèdjèb).

Numératifs fractionnaires.

277. Il y a en arabe des numératifs qui expriment les nombres fractionnaires depuis *un demi* jusqu'à *un dixième,* et quelques-uns de ces termes sont représentés par des signes particuliers généralement connus et usités. En voici le tableau :

	FIGURES.			
	Syrie.	Signes communs.	Égypte.	Barbarie.
1/2 نصف *nissf*, vulg. نص *nouss*. . . . . (Les autres numératifs fractionnaires sont tous, au sing., de la forme فُعْل, et au pluriel, de la forme أفعال.)	L		/	L
1/3 ثلث *tult*.	و	٠	س	
2/3 ثلثين *tultein*.	وو		ى	
1/4 ربع *roub'*.	ا		L	>
3/4 ثلاثة ارباع *t'latèt arba'*.	L	٠	مع	ک
1/6 سدس *suds*.	وو و			
5/6 خمسة اسداس *khamsèt asdas*, ou 1/2 et 1/3 نصف وثلث *nouss ou tult*.	L ٣		مو	
1/8 ثمن *tumn*.	م			

Un cinquième, خمس *khoums;* 1/7, سبع *soub';* 1/9, تسع *tus',* se figurent ainsi : ٥/١, ٧/١, ٩/١. S'il existe des signes particuliers pour représenter ces trois fractions, ils ne sont point en usage.

278. C'est dans les lexiques et non dans les grammaires qu'on doit chercher la connaissance de toutes les prépositions, adverbes, conjonctions et interjections que comprend une langue; aussi je me bornerai à consigner ici de courtes observations sur quelques-uns des mots arabes de ces différentes sortes, et principalement sur ceux qui ont un emploi particulier dans le langage vulgaire, ou qui, appartenant exclusivement à l'idiome usuel, ne se trouvent point expliqués dans les dictionnaires.

PRÉPOSITIONS.

279. Les prépositions بِ *bi* (dans, par, avec), لِ *li* (à), عند *ànd* (chez), مَع *mà* (avec), jointes avec des noms, et surtout avec les pronoms affixes, équivalent souvent à notre verbe *avoir*; mais le choix de l'une ou de l'autre, pour exprimer ce verbe, n'est pas indifférent.

280. Si *avoir* marque une sensation qu'éprouve un individu, on emploie ب. Ex. : ايش بك *eich bàk* ou *bek,* qu'as-tu? c'est-à-dire, qu'éprouves-tu? que se passe-t-il en toi?

281. Si *avoir* signifie *posséder,* on se sert de ل. Ex.: لي ارزاق في بلادي *li arzâk fi beladi* (j'ai des biens dans mon pays).

282. عند *ànd* exprime que l'on a chez soi, dans sa maison, ou simplement sur soi, une chose dont on peut être ou ne pas être propriëtaire. Ex. : عندي حصان ما هو لي *àndi hh'çan ma hou li,* j'ai (chez moi) un cheval qui ne m'appartient pas; عندك فلوس *àndak foulous,* as-tu de l'argent? c'est-à-dire, possèdes-tu de l'argent? ou bien, as-tu de l'argent sur toi?

283. Enfin مع *mà* marque seulement que l'on a sur soi, avec soi, sans emporter ni exclure l'idée de propriété. Ex. : معك فلوس *màak foulous*, as-tu de l'argent (sur toi)? سكينتي معك *sikkineti màak,* as-tu mon couteau?

284. Les prépositions ل et عند, lorsqu'elles se trouvent dans une même proposition, indiquent souvent, la première une dette active, la seconde une

dette passive. Ex. : ما لك عندي شي *ma lak àndi chei* (je ne te dois rien).

Quand on place la préposition عند la première, on substitue ordinairement الى à ل. C'est ainsi que dans les reconnaissances on emploie cette formule : عندنا ولازم ذمتنا الى فلان مبلغ قدره *àndna ouè lazîm dummètna ila foulan meblagh kadaro* (je reconnais devoir à un tel... la somme de...). On substitue quelquefois dans ce cas à la préposition عند le mot طرف *tharaf* (côté). Ex. : كان لك طرف المرحوم *kan lak tharaf el merhhoum* (le défunt te devait...).

285. On emploie aussi la préposition على *ala* (sur) pour indiquer une dette passive.

286. Les Arabes d'Orient se servent de في *fi* (dans) et فيه *fih* (dans lui) pour rendre notre verbe impersonnel *il y a*. Ex. : فيه عندكم موية *fih àndkom moyyè* (y a-t-il de l'eau chez vous?); ما فيه عندنا *ma fih àndna* (il n'y a pas chez nous...).

C'est une habitude assez générale parmi le peuple de la basse Syrie d'ajouter, dans ce cas, au mot في un ش qui est l'abréviation de شي *chey* (chose), et de dire, par exemple, ما فيش *ma fich* (il n'y a pas). Ce ش, tout à fait oiseux, s'ajoute encore à beaucoup d'autres mots, et l'on trouve cette addition d'autant plus commune dans le langage ordinaire, qu'on se rapproche plus de l'Égypte où elle est d'un usage extrêmement fréquent, ainsi qu'en Barbarie. Il faut observer néanmoins que l'addition de ce ش ou de شي n'a lieu que dans les phrases négatives et quelquefois interrogatives. Ainsi l'on dit : ما شفتهش *ma chuftouhch* (je ne l'ai pas vu) ; تتفكّرشي اسمه *tetfekkerchi esmo* (te souviens-tu de son nom ?).

A Bagdad, on exprime *il y a* par le mot bizarre اكو *akou*.

287. Dans quelques endroits de la Syrie, et notamment dans les montagnes habitées par les Maronites et les Druzes, on donne encore le sens de notre verbe *pouvoir* à la préposition في, en y joignant les pronoms affixes. Ainsi l'on dit : ما فيك تعمل هذا *ma fik ta'mèl hada* (tu ne peux pas faire cela).

288. بلا *bela* (sans), mot composé de ب (avec) et de la négation لا, s'emploie comme préposition, et se construit avec les pronoms affixes. Ex. : تروح

نروح بلاك *nerouhh belak* (nous irons sans toi); بلاي *belaï, belayè* (sans moi).

289. منشان *minchan* (pour) est une expression formée de la préposition من (de, par) et du substantif شان *chan* (chose). On dit : جبته منشانك *djibto minchanak* (je l'ai apporté pour toi).

Quelquefois, mais incorrectement, on fait suivre منشان de la préposition انّ *enn* (que). Ces mots réunis équivalent alors à *pour que, afin que*. Ex. : منشان انك تروح *minchan ennak terouhh* (afin que tu ailles). Il est mieux de dire : حتى تروح *hhatta terouhh*, ou لكى تروح *lèkey terouhh*.

On écrit très-souvent, en séparant les mots, من شان *min chan* (pour); cela est même plus correct.

290. On dit aussi على شان *ala chan* (pour), et dans quelques pays على خاطر *ala khather* (pour). Le mot خاطر *khather* est même employé seul, à Bagdad et ailleurs, dans le sens de notre préposition *pour*.

291. Avec les prépositions من *min* et عن *àn* (de, par), on emploie l'affixe نى pour la première personne du singulier, et l'on dit : منّى *minni*, عنّى *ànni* (de moi). En outre, il est d'usage dans la pro-

nonciation vulgaire de redoubler le ن qui termine ces particules, lorsque les affixes de deuxième et de troisième personne du singulier y sont ajoutés. Ainsi l'on prononce منّك *minnak* et عنّك *ànnak* (de toi), منّه *minno* et عنّه *ànno* (de lui).

292. *Comme* s'exprime en Syrie par مثل *mitl,* ex. : مثل بعضهم *mitl badhom* (l'un comme l'autre); en Egypte par زيّ *zeyy,* ex. : زيّ بعضهم *zeyy badhom* (l'un comme l'autre); en Barbarie par كيف *keif* ou *kif,* et بحال *behhâl,* ex. : كيف بعضهم *kif badhom* ou بحال بعضهم *behhâl badhom* (l'un comme l'autre).

ADVERBES.

293. Les mots dont je me propose de traiter dans cet article ne sont pas tous des adverbes à proprement parler; plusieurs sont des locutions adverbiales, des noms ou des adjectifs employés d'une manière adverbiale.

En général, les noms et les adjectifs arabes peuvent devenir des adverbes lorsqu'ils sont mis à l'accusatif (n° 211); mais dans l'usage familier on emploie bien souvent des adjectifs et des noms comme adverbes, sans leur donner la terminaison de l'accusatif ـً *an*.

294. كثير *k'tir* et مشوار *mechouar* (beaucoup). Cette dernière expression est particulière aux paysans de la haute Syrie. Les Barbaresques se servent souvent, au lieu de كثير *k'tir*, du mot ياسر *yacer* (beaucoup), et de بالزاف *bizzaf* (beaucoup, extrêmement).

295. قليل *kalil* (peu); شُوَيّة *chouèyyè* (un peu); شوية شوية *chouèyyè chouèyyè* (peu à peu, tout doucement).

296. قوى *kawi* (très). Ex. : قوى طيب *kawi thayyeb* (très-bon). En Barbarie on dit : قبالة *k'bala* (très, fort). Ex. : مليح قبالة *m'lihh k'bala* (très-bon).

297. كمان *kèman* et كمانا *kèmanè* (encore, de plus, de nouveau). Ex. : اعطنى كمان شوية *a'thini kèman chouèyyè* (donne-m'en encore un peu); جاء كمان اليوم *edja kèman elyaum* (il est venu encore aujourd'hui).

298. انجق *andjak,* mot turc, adopté en arabe pour signifier *à peine*. Ex. : انجق يكفى *andjak yekfi* (à peine cela suffira-t-il).

299. تمام *tàmam* (complétement, parfaitement). Ce mot a divers emplois; tantôt il marque l'approbation et le contentement, tantôt il signifie *c'est assez;* souvent il est ironique.

300. بس *bès,* mot emprunté à la langue persane, veut dire *seulement*. Ex. : شفته مرّتين بس *chufto marratein bès* (je l'ai vu deux fois seulement). Il signifie aussi *c'est assez*.

On ajoute quelquefois le pronom affixe de la 2e personne au mot بس, dont le س prend alors un *techdid*. Ex.: بسّك تروح وتجى *bessak terouhh ou tedji* (c'est assez d'allées et de venues).

301. حاجة *hhadjè* (assez, ou c'est assez). Ex. : حاجتى *hhadjeti* (assez, ou c'est assez pour moi); حاجتك *hhadjetak* (c'est assez pour toi); حاجة تركض وتتعب *hhadjè terkodh ou tet'àb* (c'est assez courir et te fatiguer).

302. On se sert en Barbarie du mot باركا *barka* pour dire *c'est assez*.

303. هون *haun* et *hauni* (ici); هونيك *haunik* et

hauniki (là). Ces mots sont particuliers aux Syriens. En Égypte et en Barbarie on dit هنا *henè* (ici), هناك *henak* (là); on dit de plus en Barbarie ثمّ *temma* (ici) et ثمّاك *temmak* (là).

304. اين *ein,* وين *ouein,* فين *fein* (où? sans mouvement). Le dernier de ces mots est une contraction de la préposition في et de l'adverbe أين. On joint les affixes à ces adverbes; c'est une irrégularité consacrée par l'usage. Ainsi l'on dit : فينك *feinak* (où es-tu?). Il serait mieux de dire اين انت *ein entè*.

305. جوا *djouwwa* (dedans), برّا *barra* (dehors). Ex. : هو جوا والّا برا *houè djouwwa ou illa barra* (est-il dedans ou dehors?); فات الى جوا *fat ila djouwwa* (il est passé dedans); طلع الى برا *thelè ila barra* (il est allé dehors). Ainsi que nos adverbes de lieu *dedans* et *dehors,* ces mots peuvent être employés comme prépositions; on ajoute souvent dans ce cas à leur terminaison un ة qui est euphonique. Ainsi l'on dit : فات من جواة البلد *fat min djouwwat el bèled* (il est passé par dedans la ville); فات من براة البلد *fat min barrat el bèled* (il est passé par dehors la ville).

306. خوش *khoch*. Ce mot qui appartient originairement à la langue persane, s'emploie quelquefois en Syrie dans le sens de *au surplus, d'ailleurs*. Ex. : خوش ما كان لازم اعرّفك عن هذا فهمك كفاية *khoch ma kan lazim aàrrifak àn hada fehmak kefayè* (au surplus, il n'était point nécessaire de vous dire cela : vous avez assez d'esprit pour le sentir).

307. بكّير *bekkir* (de bonne heure, de bon matin). Ex. : نروح بكير *nerouhh bekkir* (nous irons de bonne heure).

En Égypte on dit بدري *bèdri* (de bonne heure).

308. لقّيس *lakkis* (tard). Ex. : جيت لقّيس *djit lakkis* (tu es venu tard). L'usage de ce mot, dans le sens adverbial, est à peu près circonscrit aux montagnes des Maronites et des Druzes.

Les Égyptiens disent وخري *ouakhri* (tard).

309. بكرة *boukra* (demain, et particulièrement demain matin). Lorsque le mot بكرة, dont la signification propre est *matin*, est employé seul sans préposition, il s'entend ordinairement du lendemain. Si l'on veut le restreindre au sens de *matin,* il faut lui donner une préposition. Ainsi على بكرة *àla bou-*

kra, بكرة من *min boukra,* veulent dire : *au matin, dès le matin.*

Les Barbaresques disent غدوة *ghedouà* (demain).

310. البارحة se prononce ordinairement *embar'hha,* et s'écrit même souvent انبارحة ; c'est une abréviation de الليلة البارحة *elleilet el barehha* (la nuit passée). Cette expression s'emploie pour dire *hier soir,* ou simplement *hier.*

311. قوام *kawam* et فيسا *fiça* (promptement). Le second de ces mots est pour في ساعة *fi saà* (dans un instant).

Les Barbaresques disent بالزربة *bizzerba* (promptement).

312. لسّا *lissa* (encore, jusqu'à présent) est pour للساعة *lissaà* (jusqu'à ce moment). Ex.: لسا ما راح *lissa ma râhh* (il n'est pas encore parti); لسا هو مريض *lissa houè m'ridh* (il est encore malade).

313. بعد *bàd* (après) s'emploie aussi dans toute la basse Syrie dans le sens d'*encore, jusqu'à présent.* Ainsi l'on dit : بعد ما راح *bàd ma râhh* (il n'est pas encore parti).

On ajoute à بعد les pronoms affixes. Ex.: بعده مريض *bàdo m'ridh* (il est encore malade); بعدك

تغلط *bàdak teghlath* (tu fais encore des fautes).

314. En Barbarie on exprime souvent *encore* par ما زال *ma zal*. Ex.: ابوك ما زال حيّ *abouk ma zal hayyi* (votre père vit encore); ما زال ما راح *ma zal ma râhh* (il n'est pas encore parti).

Cette expression *ma zal* est composée de la négation *ma* et du prétérit du verbe concave *zal*, qui signifie : il a cessé. On fait passer ce prétérit à ses diverses personnes, selon le besoin. Ex.: ما زالت ما راحت *ma zalèt ma râhhèt* (elle n'est pas encore partie); ما زلت ما رحت *ma zalt ma rouhht* (tu n'es pas encore parti), etc.

315. هلّق *hallak* (maintenant, tout à l'heure), contraction de هذا الوقت *hada el ouakt* (dans ce moment-ci), est fort usité en Syrie. Ex.: هلّق ما عندي مصريات *hallak ma àndi messriyyat* (maintenant je n'ai point d'argent); هلّق بجي *hallak bedji* (je viendrai tout à l'heure, je viens à l'instant).

Les Égyptiens disent دالوقت *delouakt,* les Barbaresques دابا *daba* (à présent).

316. توا *tèwa* (tout à l'heure, c'est-à-dire l'instant passé). Ex.: توا كان معي *tèwa kan maï* (tout à l'heure il était avec moi).

Les Barbaresques emploient aussi le mot تَوا pour signifier l'instant prochain. Ex. : تَوا يجى teoua yedji (il viendra tout à l'heure).

317. قبيلة kobaïla et خير الله khair allah (depuis longtemps), بالزاز bizzèz (forcément), sont des locutions adverbiales particulières aux Barbaresques.

318. On fait grand usage en Barbarie du mot را ra, particule qui indique l'actualité et à laquelle on joint, comme je l'ai dit ailleurs (222), les pronoms affixes. Ex. : السيد حمدان الذى راه عندكم فى باريز esseyyid hhamdan elledi rah andkom fi bariz (le sieur Hamdan qui est chez vous à Paris); رانى نسمعك rani nesmaak (je vous entends) (1). Mais, par exception, on emploie après را le pronom isolé féminin singulier. Ex. : اش من ساعة راهى ach min saa rahi (quelle heure est-il?); راهى زوج وربع rahi zoudj ou roub' (il est deux heures et un quart).

319. سوا sèwa (ensemble). Ex. : نروح سوا nerouhh sèwa (nous irons ensemble). Cet adverbe s'em-

(1) *Rani nesmaak*, à la lettre : Voici que moi je vous entends. On peut remarquer l'analogie singulière que présente la particule را, dérivée évidemment du verbe راى *raa* (voir), avec l'adverbe français *voici*, dérivé également de notre verbe *voir*.

ploie aussi pour signifier *de même, la même chose*. Ex. : كله عندي سوا *koullo àndi sèwa* (tout cela est la même chose pour moi). Souvent il a le sens de *tout droit*. Ex. : امشي سوا *emchi sèwa* (marche tout droit).

320. هيك *heik* ou *heiki* (ainsi). C'est une corruption de هكذا *hakèza,* usitée en Syrie.

Les Égyptiens disent كذا *kedè,* les Barbaresques هايدى *haydè* (ainsi).

321. كيف *keif* (comment?) est un adverbe d'un usage général. Les Barbaresques prononcent *kif* et emploient le plus souvent ce mot dans le sens de *comme, de même que* et *lorsque;* ils expriment ordinairement *comment?* par كيفاش *kifach* ou كيفن *kifen*. En Égypte on se sert de ازاى *èzey* ou ازّى *èzeyy* (comment?) auquel on joint les affixes. Ex. : ازيّك سيدى *ezèyyak sydi* (comment êtes-vous, monsieur?). A Alep on emploie souvent le mot ايشلوم *ichlaum,* ou plutôt ايشلون *ichlaun* (comment?), formé des mots اى شى لون (de quelle couleur?). Ex. : ايشلون كيفك *ichlaun keifak* (comment est votre santé?). Les Alépins disent aussi dans le même sens : ايش بابة كيفك *eich babèt*

keifak (mot à mot, de quelle qualité, ou de quelle valeur est votre santé?).

322. ليش *leich* (pourquoi?) est contracté de la préposition لِ (pour), et des mots اى شى *eyy chey* (quelle chose?).

On dit aussi en Égypte et en Barbarie عليش *alaich* (pourquoi?), contracté de على اى شى.

323. ايش قدّ *eich kadd* et قدّ ايش *kadd eich* (combien?) est une contraction de قــدر اى شى *kadar eyy chey*. On prononce en Barbarie قدّاش *kaddach*.

324. نعم *nàm*, suivant le ton avec lequel on prononce cet adverbe, signifie *oui*, ou bien *quoi? plaît-il?* Quand on le fait précéder de la particule affirmative اى *ey*, de cette manière, اى نعم *ey nàm*, il ne peut signifier que *oui*.

325. ايوه *eywah* (oui) est une contraction de اى والله *ey wallah* (oui, par Dieu).

326. بلى *balà* (oui, si) se prononce souvent *embalà*.

327. الّا *illa* (sans doute, eh! donc). Ex.: تعرفنى *ta'refni* (est-ce que tu me connais?); الّا ما شفتك

عند فلان *illa ma chouftak ànd foulan* (sans doute, ne t'ai-je point vu chez un tel?).

328. بلكى *belki* (peut-être), mot tiré du turc.

329. ليت *leit* et ريت *reit*, ou يا ليت *ya leit* et يا ريت *ya reit* (plût à Dieu que...!). On joint souvent à ces mots les pronoms affixes. Ex. : يا ريتنى *ya reitni* (plût à Dieu que je...!).

330. ترى *tèra* et يا ترى *ya tèra* (ah! est-ce que...?). Ces expressions s'emploient comme des adverbes exclamatifs. Elles indiquent une interrogation à laquelle est joint le plus souvent un désir. Ex. : ترى متى يرجع *tèra mèta yerdjà*, ah! quand est-ce qu'il reviendra? (et puisse-t-il revenir bientôt!). L'exemple suivant, tiré d'une romance, est assez propre à faire connaître la signification ordinaire de ترى.

على فراقهم لم تزل تجرى مدامعنا على فراقنا يا ترى تجرى مدامعهم *ala ferakhom làm tèzàl tedjri medamè'na, ala ferakna ya tèra tedjri medamè'hom.*

C'est-à-dire : le regret d'être séparés d'eux ne

cesse de faire couler nos larmes ; ah ! le regret d'être séparés de nous fait-il couler aussi les leurs ?

Dans les derniers mots est contenue implicitement cette pensée : Plaise à Dieu que le regret fasse aussi couler leurs larmes !

On dit aussi يا هل ترى *ya hàl tèra.*

331. Le mot دَخل *dakhl* s'emploie en Syrie et en Égypte comme un adverbe supplicatif, auquel on joint les affixes de 2ᵉ personne. Ex. : دخلك *dakhlak* (je te prie) ; دخلكم *dakhlkom* (je vous prie).

CONJONCTIONS.

332. La conjonction و *oua* (et) se prononce ordinairement *ou.*

333. حتّى *hhatta* (afin que) s'abrège souvent, et se réduit à تا *tà.* On lui fait toujours subir ce retranchement dans la prononciation, quand on l'emploie avec la 1ʳᵉ personne du pluriel de l'aoriste pour

former un impératif. Ex.: تا نروح *ta n'rouhh* (partons).

Au lieu de حتى, les Barbaresques se servent ordinairement du mot باش *bach* (afin que). Ex. : جيت باش نزورك *djit bach nezourek* (je suis venu pour te visiter).

334. لكن *làkèn* ou لكان *lèkan* (donc). Ex. : ايش بدى اعمل لكن *eich beddi a'mèl làkèn* (que faut-il donc que je fasse ?).

Au lieu de لكن *làkèn,* dont les Syriens font grand usage, les Égyptiens disent امّالا *emmalè* (donc). On donne aussi à ce mot le sens de *du moins*.

335. لمّا *lemma* (lorsque, après que) est souvent remplacé, dans la conversation familière des Syriens, par لم الّى *lèm èlli* ou *lemm èlli*. Dans cette locution, الّى (pour الذى) est substitué au mot ما *ma,* lequel correspond au *que* français dans la composition de لمّا, comme dans l'expression بعد ما *bàd ma* (après que).

En Barbarie l'on emploie souvent le mot كيف *kif* dans le sens de *lorsque*. Ex. : كيف خرجوا مات لهم ناس بالزاف *kif kharadjou mat lehom nas bizzaf* (lorqu'ils ont fait une sortie, ils ont perdu beaucoup de monde).

336. إِن *in* et إِنكان *inkan* (si). Cette seconde conjonction est la même que la première avec l'addition du mot كان, qui est ici purement explétif, et que l'on écrit souvent séparément, comme ان كان *in kan*. Il y a entre l'une et l'autre cette différence que, lorsqu'on emploie ان, on met en arabe au prétérit le verbe qui est en français au présent dans une proposition conditionnelle ; ex. : S'il m'écrit, je lui répondrai, ان كتب لى اردّ له جواب *in kàtàb li arudd leho djewab* ; tandis qu'en se servant de انكان, on met en arabe le verbe à l'aoriste ou au prétérit, selon qu'il est en français au présent ou au passé ; ex. : S'il m'écrit, je lui répondrai, انكان يكتب لى اردّ له جواب *in kan yktob li arudd leho djewab* ; s'il a écrit, انكان كتب *in kan kàtàb*. ان كان est plus usité que ان dans la conversation.

337. اذا *iza* (lorsque) s'emploie le plus communément dans le sens de *si*, et devant un prétérit. Ex. : اذا اردت *iza radt* (si tu veux). Ce mot est susceptible de recevoir l'addition du كان explétif,

et alors on peut s'en servir avec l'aoriste; mais il en résulte une légère variation dans sa signification: Ex. : اذا كان تريد *iza kan terid* (si tu veux, ou puisque tu veux).

338. ليش انّه *leich enno* (parce qu'il) est une expression incorrecte, mais très-usitée, au lieu de لأنّه *léenno*.

INTERJECTIONS.

339. أخ *akh* et واخ *ouakh* (ah! hélas!) expriment la douleur, l'impatience, etc. Ex. : اخ منك *akh minnak* (ah! que tu me fais souffrir!).

340. Le mot ويل *oueil,* qui signifie *malheur!* s'emploie souvent d'une manière interjective avec les pronoms affixes, et avec ou sans l'interjection يا *ya,* marque du vocatif. Ex. : يا ويلي *ya oueili* (hélas! malheureux que je suis!); ويله *oueilo* (le pauvre malheureux!).

341. ولك *oulak* (holà, hé!). Cette espèce d'interjection, qui paraît être une abréviation de

الويل لك *el oueil lak* (malheur à toi !), sert à appeler brusquement avec l'expression de la menace ou du reproche.

342. ده *dèh* (hé, allons !) sert à exciter les hommes ou les animaux.

343. On emploie fréquemment le mot يالله *yallah,* qui veut dire *ô Dieu!* comme une interjection, pour s'animer soi-même et pour animer les autres. Ex. : يالله يالله تا نروح *yallah yallah ta n'rouhh* (allons ! allons ! partons).

---

344. Dans les détails que j'ai donnés sur les différentes parties du discours, j'ai fondu quelques remarques appartenant à la syntaxe que je n'ai pas cru devoir traiter séparément. On trouve dans le 2e vol. de la Grammaire de M. de Sacy tous les développements nécessaires sur la syntaxe arabe, qui est en général la même pour l'idiome savant et pour l'idiome usuel, seulement avec cette différence que dans celui-ci elle est extrêmement simplifiée, à cause de l'absence des inflexions finales qui déterminent les modes et les cas dans la langue savante. Il me paraît néanmoins indispensable de consigner ici quelques observations sur la concordance.

OBSERVATIONS SUR LA CONCORDANCE.

345. Les règles de concordance expliquées dans le 2e vol. de la Grammaire de M. de Sacy sont plus ou moins observées dans le langage écrit et soigné des Arabes modernes, selon les différents degrés d'instruction des individus. Je vais indiquer celles que l'on suit le plus communément dans le style familier.

346. Singulier. Lorsque le sujet est au singulier et énoncé le premier, les verbes, adjectifs et pronoms doivent concorder avec lui en genre et en nombre. Ex. : الولد الذى كان مريض شفته اليوم طيب *el ouèlèd ellèzi kan m'ridh chufto el yaum thayyeb* (l'enfant qui était malade, je l'ai vu aujourd'hui bien portant); البنت التى كانت مريضة شفتها اليوم طيبة *el bint ellèti kanèt m'ridha chuftha el yaum thayyebè* (la jeune fille qui était malade, je l'ai vue aujourd'hui bien portante).

347. Mais l'adjectif énoncé avant le sujet féminin au singulier, reste invariablement au masculin. Ainsi, au lieu de dire سلامتكم الغالية *sèlamètkom elghaliè* (votre chère santé), on dit souvent غالي سلامتكم *ghali sèlamètkom*. De même, au lieu de المرّة الاولى *el marrat el oula* (la première fois), on dit اول مرة *awwel marra,* en retranchant les articles (1).

348. Si le verbe précède un nom singulier féminin qui lui sert de sujet et exprime une chose inanimée, on ne fait pas toujours concorder le verbe avec le sujet. Ex. : مضى جمعة زمان *madha djoumàt zèman* (il s'est écoulé une semaine de temps).

349. Duel. Le duel est ordinairement assimilé au pluriel, c'est-à-dire que les verbes, adjectifs et pronoms concordent avec des noms au duel, comme si ces noms étaient au pluriel. Ex. : رجليه كبار *ridjleih kebar* (ses deux pieds sont grands); يديك طوال *yedeik thoual* (tes deux mains sont longues);

(1) La raison en est que le rapport de concordance, qui existe en français entre l'adjectif et le nom, se trouve changé dans l'arabe en un rapport d'annexion (اضافة). Voyez *Grammaire arabe* de M. de Sacy, vol. II, *Syntaxe des compléments des noms.*

اثنينهم راحوا *t'neinhom rahhou* (ils sont allés tous deux).

350. Pluriel. En ne distinguant qu'au singulier le masculin du féminin, dans le tableau des verbes et des pronoms, j'ai déjà indiqué que l'on confondait ces deux genres, au pluriel, dans l'usage vulgaire. Ainsi l'on dit : شاف ابوالحسن الجوار الذين كانوا اكلوا معه وامرهم ان يجلسوا *chaf aboulhhaçan eldjewar ellèzin kanou èkèlou mào oua amarhom enn yedjleçou* (Aboulhaçan vit les femmes qui avaient mangé avec lui, et leur ordonna de s'asseoir).

351. Si le sujet est un pluriel rompu ou un pluriel sain féminin exprimant des êtres privés de raison, et surtout des objets inanimés, les verbes, adjectifs et pronoms se mettent souvent au singulier féminin. Ex. : ضاعت الاوراق التى جبتها *dhaèt elaourak ellèti djibtha* (les papiers que tu as apportés sont perdus); عصافير طايرة *açafir thaïra* (des oiseaux qui volent); خرستانات مذهّبة *kheristanat moudèhhèbè* (des armoires dorées).

352. Si les pluriels rompus indiquent des êtres raisonnables, le verbe peut aussi quelquefois être mis au singulier féminin, ex. : هجمت اولاد صابح

قرلق *hèdjèmèt oulad ssayehh karlek* (les gens du quartier de Karlek firent une attaque), ou même au singulier masculin, pourvu qu'il précède le sujet ; ex. : اجتمع المشايخ والعلما *edjtèmè el m'chayekh ouel eulèma* (les cheiks et les oulèmas se rassemblèrent) ; mais l'on s'exprime rarement ainsi dans la conversation.

353. Le plus ordinairement, avec les noms pluriels d'êtres raisonnables, on observe la concordance de nombre et de genre pour les adjectifs, et de nombre pour les verbes et pronoms. Ex. : رجال مقتولين *ridjal maktoulin* (des hommes tués) ; نسوان مقتولات *niswan maktoulat* (des femmes tuées) ; لما طلعوا البنات من بيت ابوهم *lemma thelèou el benat min beit abouhom* (lorsque les jeunes filles sortirent de la maison de leur père).

354. Souvent aussi les verbes, adjectifs et pronoms se mettent au pluriel masculin avec les pluriels rompus de noms qui désignent des objets inanimés. Ex. : الاوراق ظلّوا تحت الردم *elaourak dhallou tahht errèdèm* (les papiers sont restés dans les décombres) ; الاكمام ما هم واسعين *elakmam*

ma hom ouaceïn (les manches ne sont-elles point larges?).

355. L'adjectif peut encore, dans ce cas, se mettre au pluriel sain féminin. Ainsi l'on peut dire : اكمام واسعات *akmam ouaceat* (des manches larges); جبال عاليات *djebal aliat* (des montagnes élevées).

356. Les noms collectifs sont ordinairement considérés comme des pluriels.

PHRASES

D'USAGE POUR LA CONVERSATION.

PHRASES

D'USAGE POUR LA CONVERSATION.

سلام عليك *sèlam aleik*, salut à vous.

Rép. وعليك السلام *ou aleik essèlam*, et à vous salut.

صباح الخير *ssabahh el khair*, bonjour.

الله يصبحكم بالخير *allah yssabbehhkom bil khair*, que Dieu vous donne un bon matin!

اسعد الله صباحكم *es'ad allah ssabahhkom*, que Dieu rende votre matin heureux!

مسا الخير *mèça 'lkhair*, bonsoir.

الله يمسيكم بالخير *allah ymessikom bil khair*, que Dieu vous donne un bon soir!

اسعد الله مساكم *es'ad allah mèçakom*, que Dieu rende votre soir heureux!

اهلاً وسهلاً *ahlan ou sahlan*, soyez le bienvenu (mot à mot : famille et aisance).

مرحبا - مرحبا بك *merhhaba, merhhaba bak*, soyez le bienvenu (mot à mot : aisance, commodité).

حلّت البركة بقدومك *hallet el bèrèkè bekoudoumak*, votre arrivée nous apporte la bénédiction.

Rép. الله يبارك فيك *allah ybarik fik*, que Dieu vous bénisse!

اشتقنا اليك *echtakna eleik*, j'avais grand désir de vous voir.

Rép. وانا بالاكثر *ou ana bilaktar*, et moi encore plus.

اقعد استريح *okod esterihh*, asseyez-vous, reposez-vous.

لا تتحير شى *la tetehhayyer chey*, ne vous dérangez pas.

ايش حالك *eich hhalak*, كيف حالك *keif hhalak*, comment vous portez-vous ?

طيب ان شا الله *thayyeb in challah*, bien, s'il plaît à Dieu !

الحمد لله *el hhamd lillah*, grâce à Dieu !

وانت طيب *ou entè thayyeb*, et vous, vous portez-vous bien ?

نشكر الله *nechkor allah*, Dieu merci !

ايش حال اخوك *eich hhal akhouk*, comment se porte votre frère ?

بخير *bekhair*, bien.

سلم عليه من عندى *sellim aleih min andi*, saluez-le de ma part.

A un malade :

ما عليك الّا العافية ان شا الله *ma aleik illa el afiè in challah*, ce ne sera rien, j'espère.

Rép. الله يعافيك *allah yafik*, que Dieu vous conserve la santé ;
ou الله يسلمك *allah ycellimak*, que Dieu vous conserve.

ما شي شرّ ان شا الله *ma chey charr in challah*, ce n'est rien de dangereux, s'il plaît à Dieu.

Rép. لا يجيك شرّ *la yedjik charr*, puisse-t-il ne vous arriver jamais rien de mal.

A un convalescent :

الحمد لله على العافية *el hhamd lillah ala'l afiè*, je rends grâces à Dieu de ce que vous êtes en santé.

Rép. الله يعافيك *allah yafik*, que Dieu vous conserve la santé ;
ou الله يطوّل عمرك *allah ythawwel eumrak*, que Dieu prolonge votre vie.

تفضل كل معنا *tefaddhal kol mana*, faites-nous la grâce de manger avec nous.

Rép. الله يزيد فضلك *allah yezid fadhlak*, que Dieu augmente vos grâces.

لا تواخذنا ما فيه شي من مقامك *la touakhidna ma fih chey min makamak*, excusez-nous, il n'y a rien qui soit digne de vous.

Rép. انت غير مواخذ *ent ghair mouakhad*, vous n'avez pas besoin d'excuses.

A quelqu'un qui vient de boire :

هنيًّا *haniyyan*, grand bien vous fasse !

Rép. هنّاك الله *hannak allah*, ou الله يهنّيك *allah yhannik*, que Dieu vous comble de biens.

A quelqu'un qui vient de faire sa barbe, qui sort du bain ou qui se réveille :

نعيمًا *naïman*, grand plaisir vous fasse !

Rép. الله ينعم عليك *allah yen'em aleik*, que Dieu répande sur vous ses faveurs.

كثّر الله خيرك *kattar allah khairak*, ou الله يكثّر خيرك *allah ykattir khairak*, merci (mot à mot : que Dieu augmente votre bien).

كلّفنا خاطرك *kèllèfna khathrak*, pardon de la peine que je vous ai donnée (mot à mot : nous vous avons donné de la peine).

Rép. واجب عليّ *ouadjib aleyyè*, c'était un devoir pour moi.

A quelqu'un qui part pour un voyage :

الله يكون معك *allah ykoun maak*, que Dieu vous accompagne.

Rép. الله يحفظك *allah yahhfadhak*, que Dieu vous garde.

الله يوصّلك بالسلامة *allah youassilak bissèlamè*, que Dieu vous fasse arriver sain et sauf.

Rép. الله يسلّمك *allah ycellimak*, que Dieu vous conserve.

الله يروينا وجهك بخير *allah yrouina ouèdjhak bekhair*, Dieu fasse que nous vous revoyions en bonne santé.

Rép. وانت بخير *ou ent bekhair*, et (que je vous revoie) vous-même en bonne santé.

A quelqu'un qui revient de voyage :

الحمد لله على السلامة *el hhamd lillah ala ssèlamè*, je rends grâces à Dieu de ce que vous voici sain et sauf.

Rép. الله يسلمك *allah ycellimak*, que Dieu vous conserve.

Compliment à l'occasion d'une fête annuelle :

كل سنة وانت سالم *koull sènè ou ent salim*, ou كل عام وانت طيب *koull am ou entè thayyeb*, puissiez-vous chaque année (à pareille époque) être en bonne santé.

Rép. وانت سالم *ou ent salim*, ou وانت طيب *ou entè thayyeb*, et vous aussi.

عيد مبارك عليك *eyd moubarak aleik*, que cette fête soit bénie pour vous.

Rép. عليك ابرك الاعياد *aleik abrak el ayad*, qu'elle soit pour vous la plus bénie des fêtes.

Différentes manières de dire adieu :

خاطرك *khathrak* ou خاطركم علينا *khatherkom aleina*, que votre esprit soit sur nous.

اودعناكم *aoudanakom*, nous vous confions à Dieu.

تمّوا على خير *temmou ala khair*, restez en santé.

تمّوا في حراسة الله *temmou fi hheracet allah*, restez sous la garde de Dieu.

صبّحناكم *ssabbahhnakom*, nous vous avons dit bonjour.

مسّيناكم *messainakom*, nous vous avons dit bonsoir.

La personne qui reste peut dire encore à celle qui s'en va :

مع السلامة *ma esselamè*, (allez) avec le salut.

بالامان *bilaman*, ou في امان الله *fi amanillah*, (allez) avec la sûreté, la paix de Dieu.

انستنا وشرّفتنا *anastna ou charraftna*, vous nous avez fait plaisir, vous nous avez fait honneur.

Rép. انت مشرّف *ent moucharref*, c'est vous qui m'avez honoré.

AVENTURE
D'EBN-EL-MAGHAZI.

AVENTURE

D'EBN-EL-MAGHAZI.

Il y avait à Bagdad un homme appelé Ebn-el-Maghazi, qui racontait dans les rues mille sortes d'anecdotes et de bons mots. Il avait un talent très-remarquable et l'on ne pouvait l'entendre sans rire.

(Voici une de ses aventures rapportée par lui-même :) J'étais un jour devant la porte du palais du calife; j'égayais le peuple par des récits piquants. Un des serviteurs de Motadhad vint se placer derrière moi. Aussitôt je me mis à conter des histoires de domestiques. Elles l'amusèrent. Il s'en alla et revint quelques instants après. Il me prit par la main et me dit : « Je suis entré » dans l'appartement du calife; je me tenais debout » devant lui, lorsque j'ai pensé à toi et à tes discours. » J'ai ri. Le calife a trouvé cela étrange et m'a dit : » Eh bien! qu'as-tu donc? J'ai répondu : Il y a près de » la porte un certain Ebn-el-Maghazi qui raconte des » choses singulières. Il ferait rire une pierre. Là-des-

» sus le calife m'a ordonné de t'amener en sa présence.
» Mais je veux la moitié de la gratification qu'il t'ac-
» cordera. »

L'idée de cette gratification excitant mon avidité, je lui répondis : « Monsieur, je suis un pauvre homme
» chargé de famille. Si vous vouliez vous contenter du
» sixième... ou du quart... » Il fut inflexible.

Introduit par lui, je saluai le calife, qui me rendit le salut. Ses regards étaient attachés sur un livre; il le parcourut presque tout entier, tandis que j'étais debout devant lui. Enfin il le ferma, leva les yeux vers moi et me dit : « Tu es Ebn-el-Maghazi ? — Oui, commandeur
» des croyants, répondis-je. — On m'a rapporté, con-
» tinua-t-il, que tu racontes des histoires curieuses et
» plaisantes. — Seigneur, répliquai-je, le besoin rend
» industrieux. Je réunis autour de moi un cercle d'au-
» diteurs ; je captive leur bienveillance par mes récits
» et je sollicite leurs bienfaits. — Voyons ton réper-
» toire, ajouta le calife. Si tu me fais rire, je te don-
» nerai deux mille drachmes ; et si je ne ris pas, que
» me donneras-tu ? — Je n'ai à vous offrir que ma tête,
» lui dis-je, vous en ferez ce que vous voudrez. — C'est
» proposer une condition fort équitable, reprit Mota-
» dhad. Eh bien ! si tu ne me fais pas rire, je t'appli-
» querai dix coups sur la nuque avec ce sac. »

Je me dis en moi-même : « Un prince ne frappe qu'a-

» vec quelque chose de léger, de doux. » Je tournai les yeux vers le sac qui était de maroquin et suspendu dans un coin de la salle. « Je ne me trompe pas, me dis-je; » il y a probablement de l'air dans ce sac. Si je fais » rire le calife, j'ai tout profit; si je ne réussis pas, eh » bien! dix coups d'un sachet gonflé de vent seront fa- » ciles à supporter. »

Je commençai à raconter des bons mots, des anecdotes. Traits de bédouins, de grammairiens, de cadis, de *nabathis* (1), de *zendjis* (2), de filous, de Turcs, je débitai tout. Enfin mon répertoire s'épuisa; le mal de tête me prit; je tombai dans la tiédeur, puis dans le froid. Cependant tous les pages et domestiques placés derrière moi étaient morts de rire. Le calife seul conservait un sérieux imperturbable. « Je suis au bout, » lui dis-je; par Dieu! je n'ai jamais vu un homme » comme vous. — C'est fini? demanda-t-il. — Je n'ai » plus qu'une chose à dire, repris-je. — Parle, répon- » dit-il. — Vous m'avez promis, ajoutai-je, de me » donner pour gratification dix coups sur la nuque; je » vous prie de me les appliquer et d'en joindre encore

(1) Ou *nabathéens*. On appelait ainsi les habitants de quelques villages de l'Irak-Arabi adonnés à l'agriculture et fort grossiers.

(2) Ce sont les *zingari* des Italiens, c'est-à-dire ces gens que nous nommons Égyptiens ou Bohémiens.

» dix autres à ce nombre. » Il eut envie de rire, mais il se retint et répondit ; « Accordé. »

Je tendis la tête. Au premier coup qu'il me donna, je crus qu'une tour s'écroulait sur moi. Le sac était rempli de cailloux. Il m'en frappa dix fois, et mon cou faillit en être brisé ; mes oreilles tintaient ; le feu sortait de mes yeux. Je m'écriai : « Seigneur ! un mot. » Il se disposait à compléter le nombre de vingt ; mais il s'arrêta : « Qu'est-ce ? dit-il. — Suivant les principes
» de la religion, répondis-je, il n'est rien de plus louable que de tenir sa parole, ni de plus odieux que d'y
» manquer. Or, je me suis engagé envers le domestique qui m'a introduit ici, à partager avec lui ma
» gratification quelle qu'elle fût, petite ou grande. Par
» un effet de votre générosité et de votre munificence,
» vous avez bien voulu la porter au double ; j'ai ma
» moitié, l'autre moitié lui appartient. »

Ces mots firent rire le calife au point qu'il se renversa sur le dos ; il frappait des mains, il trépignait, il se prenait le ventre. Enfin, il se calma et dit : « Qu'on
» amène un tel devant moi ; » et il commanda qu'on lui donnât le reste des coups. « Qu'ai-je donc fait ? s'é-
» cria le domestique. — C'est moi, lui dis-je, qui ai
» commis la faute et mérité cela ; mais tu es mon asso-
» cié. On m'a payé mon contingent ; on va maintenant
» te payer le tien. » Tandis qu'on le battait, je me mis

à lui adresser des reproches et à lui parler ainsi : « Je
» te disais que j'étais pauvre et chargé de famille, je
» te peignais ma misère et te priais de te contenter du
» sixième ou du quart. Tu as exigé la moitié. Si j'avais
» su n'obtenir du commandeur des croyants d'autre
» gratification que des coups, je te l'aurais abandonnée
» tout entière. »

Le calife recommença à rire en m'entendant tenir ce discours. Quand le patient eut reçu sa portion, Motadhad prit une bourse dans laquelle étaient deux mille drachmes. Il les partagea entre le domestique et moi. Ensuite je me retirai.

AVENTURE

DE HAKEM.

AVENTURE
DE HAKEM.

Hakem était un des familiers du commandeur des croyants, Haroun Arrachid. Le calife lui dit un jour : « Hakem, j'irai demain à la chasse, tu viendras avec » moi. — Volontiers, » répondit Hakem. Il s'en alla à sa maison et dit à sa femme : « Le calife m'a ordonné » d'aller demain à la chasse avec lui ; mais, par Dieu ! » je ne le puis pas. Je suis accoutumé à manger de » bonne heure ; le calife ne prend son repas que vers » midi ; je mourrais de faim. Ma foi ! je n'irai pas. — » Dieu nous garde ! répondit la femme ; tu ne peux te » refuser à la volonté du calife. — Eh ! que faire donc ? » reprit Hakem ; faut-il que je meure de faim ? — Non, » répliqua la femme ; mais tu n'as qu'à te munir d'un » cornet de halawè (1) que tu mettras dans ton turban. » Tu en mangeras en attendant l'heure du repas du » calife ; ensuite tu déjeuneras avec lui. — Vraiment, » dit Hakem, c'est une excellente idée. »

(1) C'est un composé de miel et de farine de sésame. On en fait une espèce de motte qui se coupe et se vend par tranches.

Le lendemain matin, Hakem acheta un cornet de halawè, le plaça dans son turban et alla accompagner le calife. Pendant la marche, Haroun, se retournant par hasard vers Hakem, aperçut, dans les plis de la mousseline roulée autour de sa tête, le papier qui enveloppait le halawè. Il appela son vizir : « Djafar ! — Plaît-il,
» commandeur des croyants? répondit celui-ci. —
» Vois-tu, ajouta le calife, ce cornet de halawè dans
» le turban de Hakem? par Dieu ! je veux le tourmenter
» et l'empêcher d'en manger. »

On chemina quelque temps. Le calife, faisant semblant d'apercevoir du gibier, poussa sa monture en avant, comme pour le poursuivre. Hakem porta la main à son turban, tira du papier un morceau de halawè et le mit dans sa bouche. A l'instant le calife, revenant sur ses pas, lui cria : « Hakem ! » Hakem retira promptement le morceau de sa bouche et répondit : « Plaît-il,
» commandeur des croyants? — Cette mule, dit Ha-
» roun, ne va pas bien. Je ne sais ce qu'elle a. — Le
» palefrenier, dit Hakem, lui aura donné trop de nour-
» riture, et son estomac se trouve embarrassé. »

On continua de marcher. Le calife prit une seconde fois les devants. Hakem tira un autre morceau de halawè ; il le mettait dans sa bouche quand Haroun revint sur lui en criant : « Hakem ! Hakem ! — Plaît-il,
« seigneur? répondit Hakem, en rejetant le halawè. —

» Je te dis, poursuivit le calife, que cette mule ne va » pas bien aujourd'hui. Je ne sais quel accident lui est » arrivé. — Commandeur des croyants, reprit Hakem, » demain on la fera voir au maréchal, il examinera ce » qu'elle a. Ce n'est rien, j'espère. »

Quelques moments se passèrent. Hakem se disait en lui-même : « Suis-je donc maréchal, pour que ce fou » m'assomme de ses questions? A chaque instant : la » mule, la mule! Que Dieu fasse entrer les quatre pieds » de la bête dans le ventre du maître! » Bientôt le calife poussa de nouveau en avant. Hakem porta la main au cornet et prit un morceau de halawè. Avant qu'il eût eu le temps de le mettre dans sa bouche, le calife accourut criant : « Hakem! Hakem! Hakem! — Ah! dit » Hakem, quelle mauvaise journée pour moi! toujours » Hakem! Hakem! Quelle manie vous prend donc? — » Je crois que le maréchal a blessé cette mule, dit » Haroun; la vois-tu boiter? — Seigneur, répondit Ha» kem, demain on la fera déferrer; le maréchal lui » ajustera un autre fer, et la boiterie se guérira, s'il » plaît à Dieu. »

Cependant sur la route on vit paraître une caravane qui arrivait de Perse. Un des marchands s'approcha du calife, baisa la terre devant lui et lui offrit divers objets précieux, ainsi qu'une jeune esclave d'une beauté incomparable. Elle avait une stature bien proportionnée, toutes sortes d'attraits et de perfections, des hanches chargées d'embonpoint, une taille fine, des yeux comme ceux des gazelles, une bouche comme le sceau de Salomon. Le marchand l'avait achetée cent mille dinars.

Lorsque Haroun la vit, il en fut charmé et en devint passionnément amoureux. Il voulut retourner aussitôt à Bagdad, et dit à Hakem : « Emmène avec toi cette » jeune fille et devance-nous à la ville. Rends-toi au » palais, monte au pavillon, fais-le nettoyer, dispose » l'ameublement, dresse le service, remplis les flacons, » veille à ce que rien ne manque. »

Hakem partit et exécuta la commission qu'il avait reçue. Bientôt le calife arriva entouré de ses nombreux serviteurs, de ses vizirs, de ses émirs, de ses familiers. Il monta au pavillon, et ceux qui l'avaient accompagné se dispersèrent. Il entra dans la salle où était la jeune esclave, et dit à Hakem : « Tiens-toi à la porte du pa- » villon ; ne t'en éloigne point d'un seul pas et prends » garde que nous ne soyons découverts par la princesse » Zobéïde. — J'entends, répondit Hakem ; mille fois » obéissance aux ordres de Dieu et du commandeur » des croyants. »

Le calife se mit à table avec la jeune esclave. Ils mangèrent, ensuite ils passèrent dans une pièce où le dessert et les vins étaient préparés. Haroun venait de s'asseoir et de remplir son verre; il allait boire, quand on frappa à la porte. « Sans doute, dit-il, voici la prin-» cesse Zobéïde qui vient. » Il se lève promptement, serre le vin et tout ce qui garnissait la table, cache la jeune fille dans un cabinet, et se présente à la porte du pavillon, où il trouve Hakem. « Est-ce que la princesse » Zobéïde arrive? lui demande-t-il. — Non, seigneur, » répond Hakem, mais je craignais que vous n'eussiez » quelque inquiétude au sujet de votre mule. J'ai in-» terrogé le palefrenier, et je me suis convaincu qu'il » lui avait donné trop de nourriture. Son estomac s'est » trouvé embarrassé. Demain nous la ferons saigner, » et son indisposition n'aura pas de suite. — Ne t'oc-» cupe plus de la mule, réplique le calife; point de » bavardage impertinent. Fais sentinelle, et si tu vois » venir la princesse Zobéïde, dépêche-toi de m'a-» vertir avant son arrivée. — J'entends et j'obéis, » dit Hakem.

Haroun rentra dans l'appartement, tira du cabinet la belle esclave et remit tout en place. En cet instant on frappa de nouveau à la porte. « C'est Zobéïde qui » approche, » dit le calife. Il cache l'esclave dans le cabinet, fait disparaître le vin et tout le service, et court à la porte. Il y voit Hakem. « Hé bien! lui de-» mande-t-il, Zobéïde vient? — Non, par Dieu! com-» mandeur des croyants, répond Hakem; mais c'est

» que je songe toujours à cette mule. J'ai questionné
» le maréchal ; il prétend qu'elle est restée trop long-
» temps à l'écurie, et que c'est pour cela qu'elle s'est
» montrée un peu rétive, quand on l'a montée aujour-
» d'hui. Du reste elle se porte bien. — Au diable la
» mule et toi-même ! dit Haroun ; ne t'ai-je pas défendu
» cet impertinent bavardage ? Sois fixe à ton poste et
» prends garde que Zobéïde ne nous surprenne ; car,
» si cela arrivait, ce jour serait pour toi le jour le
» plus funeste. — Sur ma tête et sur mes yeux ! » dit
Hakem.

Le calife va rendre la liberté à la jeune fille, regarnit la table, remplit une coupe et la porte à ses lèvres. Tout à coup il entend un trépignement sur la terrasse. « Cette fois, dit-il, c'est bien Zobéïde. » Il fait rentrer l'esclave dans sa cachette, enlève les fruits et les vins, et pour en faire passer l'odeur il brûle quelques parfums. Il monte sur la terrasse du pavillon, n'y trouve que Hakem et lui dit : « Qu'y a-t-il ? Zobéïde vient-
» elle ? — Non, par Dieu ! commandeur des croyants,
» répond Hakem. Mais j'ai vu d'ici la mule trépigner
» comme je viens de trépigner moi-même. En vérité,
» cela m'a fait de la peine ; j'ai craint qu'elle n'eût des
» tranchées, et j'en ai éprouvé un profond chagrin. —
» Que Dieu te chagrine toute ta vie ! s'écrie le calife ;
» maudit homme, qui mériterais la mort. Sors d'ici,

» et ne me montre jamais ton visage. Si je te vois encore
» paraître en ma présence, je te fais pendre. »

Hakem retourna chez lui et raconta à sa femme que le calife l'avait chassé avec défense de se présenter désormais devant lui. Il demeura quelque temps dans sa maison, jusqu'à ce qu'il jugeât que la colère du calife était un peu apaisée. Il dit ensuite à sa femme : « Rends-
» toi au palais, va baiser les mains de la princesse Zo-
» béïde ; dis-lui que le calife est courroucé contre moi,
» et prie-la d'intercéder en ma faveur. » La femme remplit cette commission. La princesse Zobéïde intercéda pour Hakem, et le calife lui pardonna.

بارك الله فيك ولا فى البغلة ما قلت لك لا تكن فضولى اقعد موضعك وادر بالك لا تجى الست زبيدة وتدخل علينا على غفلة فانا اجعل هذا اليوم ايشم الايام عليك فقال الحكم على الراس والعين ودخل الخليفة واخرج الجارية واعاد المقام والمدام وملأ القدح واراد ان يشرب واذ سمع فوق السطح دبكة فقال والله النوبة من حقا تكون الست زبيدة جاية فقام وخبى الجارية فى المخدع ولمّ النقل والخمر واطلق البخور حتى لا يبقى رايحة وطلع الى سطح القصر فما لقى غير الحكم فقال له ايش الست زبيدة جاية فقال له لا والله ولكن يا مولاى امير المومنين رايت البغلة تدبك مثلها دبكت انا فوالله صعب علىّ ذلك وخفت ان يكون بها مغاص فتنكدت غاية التنكد فقال له الخليفة نكّد الله عليك خيانك ملعون واجب القتل اخرج ورُح لا بقيت تروينى وجهك وان عدت رايتك اشنقك فراح الحكم الى داره وحكى لزوجته ان الخليفة طرده ومنعه من الدخول عليه ثم انه قعد فى بيته مدة ايام حتى ظنّ ان غضب الخليفة سكن فقال لامراته قومى روحى الى دار الخلافة وقبّلى ايادى الست زبيدة واعلميها ان الخليفة غضبان علىّ وسليها ان تشفع فىّ فامتثلت امراته امره فتشفعت فيه الست زبيدة وعفا الخليفة عنه ❊

وكنسه وافرشه وعبى لنا اوانيه واملأ قنانيه ولا تخليه يحتاج الى شى فمضى الحكم وعمل كما امره الخليفة فبعد ساعة واذ قد اقبل الخليفة فى حشم وخدم وامرا ووزرا وندما وطلع الى القصر وهولايك راح كل واحد منهم الى حال سبيله فدخل امير المومنين على الجارية وقال للحكم لا تفارق باب القصر خطوة واحدة واحذر تدرى بنا الست زبيدة فقال له سمعًا والف طاعة لله ولامير المومنين وطلع قعد على الباب واما الخليفة فجلس هو والجارية واكلوا وقاموا انتقلوا الى مجلس الفاكهة والشراب فما لحق الخليفة يقعد ويملا القدح واراد ان يشرب الّا والباب يُطرق فقال لا شك ان الست زبيدة جاءت فقام بالعجل وشال المقام والمدام وخبى الجارية فى مخدع وطلع الى الباب فلقى الحكم فقال له جاءت الست زبيدة فقال لا والله يا امير المومنين ولكن بقى خاطرى عندك من جهة البغلة فسالت السايس وتحققت انه علّق عليها بزايد تخبط صدرها غدا نفصدها فيزول ذلك عنها فقال له ما عليك من البغلة ولا تكن فضولى احرس الباب وساعة التى تنظر الست زبيدة جاية اسبق واعلمنى قبل مجيها فقال الحكم سمعًا والف طاعة فدخل الخليفة واعاد المقام والمدام وطالع الجارية من المخدع الّا والباب يطرق فقال الخليفة تكون الست زبيدة جاءت فخبى الجارية فى المخدع ولمّ المقام والمدام وطلع الى الباب فراى الحكم فقال له الست زبيدة جاية فقال لا والله يا امير المومنين ولكن بقى خاطرى على البغلة فسالت البيطار عنها فقال ما بها شى غير ان لها زمان مربوطة واليوم ارتكبت فمن اجل هذا تكشكت وما عليها الا السلامة فقال له الخليفة لا

البغلة ما يعجبنى حالها وما اعرف ايش حكايتها فقال له يكون السايس علّق عليها بزايد تخبّط صدرها ومشوا ساعة وساق الخليفة فاخرج الحكم قطعة اخرى من الحلاوة وحذفها فى شدقه الّا والخليفة رجع وقال يا حكم يا حكم فاخرج الحلاوة من فمه ورماها وقال لبيك يا امير المومنين فقال له ما قلت لك هذه البغلة اليوم ما يعجبنى مشيتها وما اعرف ايش اصابها فقال يا امير المومنين غدا نرويها للبيطار لينظر ايش بها وما بها الا خير ان شا الله تعالى فمشوا ايضًا قليل والحكم يقول فى نفسه الّا انا بيطار حتى ابتلش فى هذا المجنون كل ساعة البغلة البغلة جعل الله اربعتها محشية فى بطن صاحبها فساق الخليفة فمدّ الحكم يده الى القرطاس الحلاوة واخذ له منه قطعة وجعلها فى فمه فرجع الخليفة وعيط يا حكم يا حكم يا حكم فقال له اخ ايش هذا اليوم الاسود على الحكم كل ساعة يا حكم انت ثارت عليك الوسوسة فقال له الخليفة كانّ هذه البغلة جار عليها البيطار تنظرها تعرج فقال يا امير المومنين غدا ان شا الله نخلّى البيطار يحفيها و يعمل لها صفيحة و ينعلها فيزول ذلك عنها ان شا الله تعالى فبينما هم سايرين واذا بقفل اقبل من بلاد العجم وتقدم خواجه الى الخليفة وباس الارض بين يديه وقدّم له هدايا وتحف وجارية ما راى احد مثلها ذات قد واعتدال وبها وكمال ردفها ثقيل وخصرها نحيل عيونها كعيون الغزلان وفمها كخاتم سليمان مشتراها على الخواجه مائة الف دينار فلما راها الخليفة افتتن بها وشغف بهواها فاراد الرجوع الى بغداد فى الحال وقال للحكم يا حكم خذ هذه الجارية واسبقنا الى المدينة ورُح لى دار الخلافة واطلع الى القصر

❋ قصة الحكم ❋

حُكى ان الحكم كان من ندماء امير المومنين هارون الرشيد فقال له الخليفة يومًا يا حكم نحن غدا نروح الى الصيد تعال رُح معنا فقَال له بسم الله وراح الى بيته وقال لامراته امرنى الخليفة ان اروح غدا معه الى الصيد فوالله ما انا قابل للرواح لانى معوّد على الاكل بكرة والخليفة ما ياكل الّا قريب الظهر فانا اموت من الجوع والله انى ما اروح فقالت له نعوذ بالله ما يمكن المخالفة فقال لها وايش يكون العمل اروح اموت من الجوع قالت لا ولكن خذ معك قرطاس حلاوة وحطه فى عمامتك وكل منه الى بينما ياكل الخليفة كل معه فقال والله هذا راى مبارك فلما كان ثانى يوم اشترى قرطاس حلاوة وجعله فى عمامته وركب حماره وراح فى خدمة الخليفة فبينما هم سايرين اذ لاحت من الخليفة التفاتة فراى فى شاش الحكم قرطاس حلاوة فقال لجعفر وزيره يا جعفر فقال لبّيك يا امير المومنين فقال تنظر فى راس الحكم هذا القرطاس الحلاوة والله لأنكّد عليه واحرمه ان ياكل منه فمشوا فى الطريق ساعة وعمل الخليفة كانّه راى صيد فساق وراه فمدّ الحكم يده الى راسه واخرج قطعة حلاوة من القرطاس وجعلها فى فمه فرجع الخليفة وعيّط يا حكم فاخرج الحكم الحلاوة من فمه بالعجل وقال لبّيك يا امير المومنين فقال يا حكم والله هذه

❋ قصة الحكم ❋

اقبلت اليه واقول له قلت لك مسكين مُعيل وشكوت اليك الحاجة والفقر وكنت اقول لك سدسها او ربعها وانت تقول لا آخذ الّا النصف ولو علمت ان امير المومنين جايزته صفع وهبتها لك كلّها فعاد الى الضحك من قولى للخادم ولما استوفى نصيبه اخرج صرّة فيها الفين درهم فقسمها بيننا فانصرفت ※

الجراب عشر صفعات فقلت فى نفسى ملك لا يصفع الّا بشى خفيف ليّن والتفت واذا الجراب من اديم معلّق فى زواية البيت فقلت ما اخطى ظنّى عسى فيه ريح فان اضحكته ربحت والّا فعشر صفعات بجراب منفوخ شى هيّن ثم اخذت فى النوادر والحكايات فما خلّيت حكاية اعرابى ولا نحوى ولا قاضى ولا نبطى ولا زنجى ولا شاطر ولا تركى الّا واحضرتها حتى نفد ما عندى وتصدع راسى وفترت وبردت ولا يبقى وراى خادم ولا غلام الّا وماتوا من الضحك وهو مقطّب لا يتبسم فقلتِ قد نفد ما عندى فوالله ما رايت مثلك قط فقال هذا ما عندك قلت بقى نادرة واحدة قال هاتها قلت اوعدتنى ان تجعل جايزتى عشر صفعات فاسألك ان تصفعها لى وتضيف عليها عشر أُخرى فاراد ان يضحك فامسك وقال نفعل ومديت قفاى فصفعنى بالجراب صفعة واحدة فكانّما سقطت على قفاى قلعة واذا الجراب مملو من حصًى فصفعنى عشرة وكادت رقبتى ان تنفصل وظنّنت اذانى وقدح الشعاع من عيونى فصحت يا سيدى نصيحة فرفع الصفع بعد ان عزم على العشرين وقال ما هى نصيحتك فقلت انه ليس فى الديانة احسن من الامانة ولا اقبح من الخيانة وقد ضمنت للخادم الذى احضرنى نصف الجايزة قليلة او كثيرة وامير المومنين من كرمه وفضله قد اضعفها واستوفيت انا نصفى وبقى نصفه فضحك حتى استلقى فما زال يضرب بيديه ويبحث برجليه ويمسك بطنه حتى سكن ثم قال علىّ به فامر بصفعه فقال وايش جنايتى فقلت له هذه جنايتى انا وانت شريكى وقد استوفيت بنصيبى فبقى نصيبك فلما اخذوا فى صفعه

❊ قصة ابن المغازى ❊

حُكى انه كان فى بغداد رجل اسمه ابن المغازى يتكلم على الطرق باخبار ونوادر منوّعة وكان نهاية فى الحذق لا يستطيع من سمعه ان لا يضحك قال وقفت يومًا على باب دار الخلافة اضحك الناس واتنادر فحضر خلفى بعض خدم المعتضد فاخذت فى نوادر الخدم فاعجبه ذلك فانصرف ثم عاد فاخذنى بيده وقال دخلت فوقفت بين يدى سيدى فتذكرتك وحكاياتك فضحكت فانكر علىّ وقال ويلك ما لك قلت على الباب رجل اسمه ابن المغازى يتكلم بحكايات ونوادر يضحك الحجر فامر باحضارك ولى نصف جايزتك فطمعت فى الجايزة وقلت يا سيدى انا مسكين وعلىّ عيلة فلو اخذت سُدسها او رُبعها فأبى وادخلنى فسلّمت فردّ على السلام وهو ينظر فى كتاب فنظر فى اكثره وانا واقف ثم اطبقه ورفع راسه الىّ وقال انت ابن المغازى قلت نعم يا امير المؤمنين قال بلغنى انك تحكى وتضحّك بنوادر عجيبة فقلت يا امير المومنين الحاجة تفتق الحيلة اجمع الناس بحكايات اتقرب بها الى قلوبهم فالتمس احسانهم فقال هات ما عندك فان اضحكتنى اعطيتك الفين درهم وان لم اضحك فما لى عليك فقلت ما معى الّا قفاى وافعل ما اردت فقال انصفت ان لم تضحّكنى اصفعك فى هذا

❋ قصة ابن المغازى ❋

www.ingramcontent.com/pod-product-compliance
Ingram Content Group UK Ltd.
Pitfield, Milton Keynes, MK11 3LW, UK
UKHW012033240726
13965UKWH00002B/749